본질을 붙들면
후회하지 않는다

# 본질을 붙들면 후회하지 않는다

파리 선한장로교회 성원용 목사의 은혜 이야기

**성원용** 지음

국민북스

차례

서문 / 8

## I. 본질을 붙들면 후회하지 않는다

1. 본질을 붙들면 후회하지 않는다 / 16
2. 부르신 그곳에서 예배하리! / 20
3. 미쳐야 기적이 현실이 된다 / 24
4. "나를 사랑하느냐?"는 질문 앞에서 / 28
5. 복음을 위해 저항하고 있는가? / 32
6. 나는 평생 기도하는 종으로 살고 싶다 / 36
7. 새벽을 깨워 인생과 역사를 열자 / 40
8. 생명을 걸고 성경을 읽자 / 44
9. '한 길 가는 순례자'가 되고 싶다 / 48
10. 은혜의 동그라미 기적을 만들자 / 52
11. 기다림으로 길을 열자 / 56
12. 죽음을 배우자 / 60
13. 우리 교회를 소개합니다 / 64
14. 나룻배 목회와 정자나무 교회 / 68
15. 내가 꿈꾸는 행복한 목회 / 72
16. 바운더리가 넓은 넉넉한 목회 / 76

## II. 이 시대 선교의 광인(狂人)이 되자

1. 우리 모두 선교의 광인(狂人)이 되자 / **82**
2. 유럽, 떠오르는 선교지 / **86**
3. 프랑스는 이 시대 최고의 선교지다 / **90**
4. 그리스 수도원에서 핏자국 선연한 복음을 생각한다 / **94**
5. 낭트에 다시 하나님의 임재가 넘치기를 / **98**
6. 독일에서 '참된 복음'을 경험하다 / **102**
7. 부르키나 파소를 축복하소서 / **106**
8. 주님을 찬양하라 그러면 샘물이 솟아나리라 / **110**
9. 아웃 오브 아프리카(Out of Africa) / **114**
10. 평화의 땅 스트라스부르 / **118**
11. 코트디부아르의 작지만 큰 교회 / **122**
12. 한불선교 협정 / **126**
13. 삶이 곧 설교이며 선교다 / **130**

# III. '위대한 하나님의 한 사람'이 되자

1. 우리 사명은 마중물이 되는 것이다 / **136**
2. 진젠도르프처럼 / **140**
3. 내 주는 강한 성이요 / **144**
4. 보름스에서 루터의 용기를 본다 / **148**
5. 파리에서 위그노들의 순교 흔적을 만나다 / **152**
6. 칼뱅의 하숙집에서 개혁을 생각한다 / **156**
7. 로마에서 길을 보다 / **160**
8. 함부르크에서 소명을 생각한다 / **164**
9. 엘리 비젤을 기억하며 / **168**
10. 마뛰렝 교회 끝자락에 서서 / **172**
11. 스위스 한인교회 / **176**
12. 파리의 작은 제네바 / **180**
13. 파르마콘 세상 / **184**
14. 나의 피에타 / **188**
15. '위대한 한 사람'을 찾습니다 / **192**

## IV. 별처럼 빛나는 인생 후반전을 살자

1. 오늘이 '마지막 날'이라면 / **198**

2. 잘 물든 단풍 같은 중년이 되고 싶다 / **202**

3. 별처럼 빛나는 인생 후반전 / **206**

4. 한 조각 주님의 퍼즐이 되어 / **210**

5. 포지티브 인생이 되자 / **214**

6. 그랑 에스칼리에 영성 / **218**

7. 하나님의 마음을 담은 예술가 / **222**

8. 조반니 파피니의 회심 / **226**

9. 똥끼누아의 매력 / **230**

10. 늘 정돈된 인생을 살자 / **234**

11. 신념이냐, 신앙이냐 / **238**

12. 고향 무정 / **242**

13. 진정한 친구가 되고 싶다 / **246**

14. 성은이 망극한 인생 / **250**

서문

# 다시 '돌탕'(돌아온 탕자)으로

나는 다일공동체에서 온 공동체 순례팀을 안내하면서 가끔은 개인적으로 장 바니에가 세운 라르쉬(L'Arche) 공동체를 방문하곤 했다. 이곳은 파리에서 약 120㎞ 떨어진 곳에 있는 트로즐리(Trosly)라는 마을에 형성된 지적 장애를 가진 이들을 위한 공동체다. 창시자인 장 바니에 신부를 만나서 잠시 교제하는 시간도 있었고, 이곳을 오랫동안 지켜온 꽤 연로해 보이는 부인을 만나 자신이 근무하는 문서센터에 대한 안내를 받고 교제한 추억도 있다.

지금 그녀의 이름이 정확하게 기억나지는 않지만 자신이 헨리 나우웬의 바로 그 친구라고 했던 것으로 보아 나우웬의 책 『탕자의 귀향』에 소개된 시몬느 랑드리엥인 것으로 생각된다. 그녀와 차를 마시다가 문에 꽤 오랫동안 붙어 있었던 것으로 보이는 포스터가 눈에 들어왔다. 렘브란트가 그린 『탕자의 귀향』이었다. 그녀는 헨리 나우웬이

1983년에 휴가를 받아 이곳에 머물면서 이 그림을 보았다고 했다. 그리고 그것이 동기가 되어 나우웬이 상트페테르부르크의 에르미타주 미술관을 방문해 원본 작품을 보면서 『탕자의 귀향』이라는 책을 저술하는 데 단초를 제공한 바로 그 그림이라며 자랑스럽게 설명했다. 나는 서둘러 나우웬의 책을 구입해서 읽었고, 그 그림을 사랑하게 되었다. 그리고 언젠가는 나도 에르미타주 미술관에서 그 원본을 보고 싶다는 열망을 품게 되었다.

내가 『탕자의 귀향』에 애착을 갖게 된 것은 단지 그런 이유에서만은 아니다. 이 그림이 하늘 아버지의 마음을 가장 잘 설명해 주며, 이 그림에 나오는 탕자가 바로 내 자화상이었기 때문이다. 나는 복음서의 이 대목을 읽을 때면 '어쩌면 이렇게도 내 모습과 같을까' 하는 생각에 눈시울이 붉어지곤 한다.

나는 충청남도 시골 마을의 가난한 농부 가정에서 태어났다. 아버지는 큰 키에 잘 생긴 외모를 가진 성실한 농부셨다. 어머니는 병약해서 늘 누워 지내는 분이셨다. 그들의 삶을 지탱해 준 것은 교회와 기도 생활이었다. 나도 어린 시절에는 부모님을 따라 즐겁게 교회를 다녔다. 어머니는 나를 목사로 드리겠다고 서원했다. 어머니가 집회 때 은혜 받은 부흥사의 이름을 따서 내 이름을 '원용'이라고 지었을 정도다.

　중학교 1학년 때 고향 교회 부흥회에서 불을 끄고 통성 기도를 시키는데, 나는 몇 시간 동안 울면서 기도하다가 그만 목사가 되겠다고 고백해 버렸다. 그것이 성령의 감동이었는지, 철없는 어린아이의 객기였는지 모르지만 내 정신이 아니었던 것은 분명하다. 어쩌자고 나는 그런 기도를 했던가.

　하지만 나는 중학교 3학년 때부터 5년간 교회와 신앙을 떠났다. 부모와 세상에 저항하며 방황하는 시간을 보냈다. 나의 청소년기 방황은 그야말로 질풍노도와 같았다. 늘 죽음을 생각했다. 폭행으로 구속되어 유치장과 구치소에서 지내기도 했다. 갈 데까지 간 인생이었다. 집나간 탕자, 그 둘째 아들이 바로 내 모습이었다. 그가 내겐 하나도 낯설지 않은 이유가 그 때문이다.

　부모님의 오랜 눈물의 기도와 기다림 끝에 나는 결국 회개하고 제자리로 돌아왔다. 1983년 여름, 이병직 집사님과 친구들에 의해서 한얼산기도원에 끌려갔다가 거기서 회개하고 주님께로 돌아오고 말았다. 어쩌면 나 자신이 그 순간을 간절히 기다렸는지도 모른다. 방황의 시간들이 너무나 힘들었기 때문이다. 내 인생을 탕진하고 알거지처럼 되어 이대로 죽든지, 아니면 하늘 아버지께 돌아가든지밖에 할 수 없는 상황에서 주님은 나를 다시 찾아주셨다. 아니 늘 기다리시며 거기

서 계셨는데 그제야 나는 그 사실을 깨달은 것이다. 내가 주님을 만나 변화되었다는 소식에 고향에 계신 아버지는 그것이 믿어지지 않으셨는지 "그럴리가요?"라고 하시고는 기뻐 어찌할 줄 몰라 하셨다고 한다. 아마 하늘 아버지의 기쁨도 그러셨을 것이다.

나는 그렇게 '돌탕'(돌아온 탕자)이 되어 신학교에 가고 목사가 되고 지금은 파리에서 선교와 목회를 하고 있다. 나는 돌탕 목사, 돌탕 선교사다. 잘한 것이 아무것도 없다. 잘한 것이라고는 너무 늦지 않게 회개하고 돌아왔다는 것뿐이다. 그래서 이렇게 하나님의 축복을 누리고 살면서도 늘 죄송하고 미안하고 부끄러운 마음뿐이다. 모든 것이 하늘 아버지의 한이 없으신 은혜다. 내 신앙에는 그 이상도 그 이하도 없다.

이렇게 돌탕으로 살아온 세월이 어느덧 34년이 되었다. 그런데 나는 요즘 탕자 이야기 속 집안에 있는 큰 아들의 그림자가 내 인생에 어른거리는 것 같아 소스라치게 놀란다. 목사로, 선교사로, 교회를 섬기며 하나님의 동역자로 부름 받아 살아가면서, 집 나간 아들을 기다리고 기다리는 아버지의 마음을 이해 못한 채 분노하고 불편해하는 큰 아들의 모습이 언뜻언뜻 내비쳐지는 것이다. 반듯한 인생을 산 것처럼 보이는 큰 아들 역시 아버지의 마음을 모른다는 점에서 또 다른 의미의 탕자라고 할 수 있다. 내 존재에 걸맞지 않은 과분한 혜택을 받으면서

도 감사할 줄 모르고 눈물은 메마르고 기도는 피상적인데도 이런저런 일에 몰두하면서 그것으로 위안을 삼고 있다. 이제 다시 돌탕이 될 시간이 되었다.

미국 뉴욕 리디머교회의 팀 켈러 목사가 이야기한 '탕부(蕩父) 하나님'께 돌아가야 할 때가 된 것이다. 탕부 하나님은 집나간 둘째 아들도 기다리시고, 겉으로는 순종하면서도 속으로는 늘 자기 것을 챙기며 불평하고 원망하는 집 안에 있는 큰 아들도 설득하시는 하나님이다. 그 하나님은 계산할 줄 모르시고, 우리를 위해 자신의 사랑과 자원을 아낌없이 사용하시고 탕진하시는 탕부 하나님이시다. 그래서 하늘 아버지는 자신의 자녀를 위해 아낌없이 부어주시는 은혜의 하나님이시다.

내 인생의 전반기를 둘째 아들 돌탕이 되어 살았다면 이제 남은 후반기는 맏아들 돌탕이 되어 살고 싶다. 하늘 아버지의 마음을 이해하고 그 마음을 품고 그 마음으로 살아보고 싶다. 은혜로 시작했으니 은혜로 살고 은혜로 사역하고 은혜로 인생을 마치고 싶다.

종교개혁 500주년으로 세상이 떠들썩하는가 싶더니 지금은 시들해 버렸다. 종교개혁이 무엇인가? 잃어버리고 잊어버린 그 은혜를 회복하는 운동 아닌가? 내가 잘 나서가 아니라 모든 것이 그 분의 은혜 때문임을 알 때 개혁이 시작되는 것 아닌가? 은혜를 회복하지 않고 진행

되는 행사들은 그저 피곤한 일일 뿐이다. 은혜가 개혁의 본질이다. 은혜를 회복하는 것이 시급하다. 사역도 은혜로 하면 행복해지고, 고난도 은혜가 있으면 이길 수 있다. 은혜는 우리를 경쟁이 아닌 협력의 길로 인도한다. 은혜는 나만의 길을 가도록 격려하고, 성공과 실패에 흔들리지 않게 한다. 바로 은혜가 본질이기 때문이다. 은혜가 아니면 아무것도 아니기 때문이다.

그동안 삶과 사역 속에서 경험하고 깨달은 나의 돌탕의 모습과 그럼에도 불구하고 그런 돌탕에게 부어주신 탕부 하나님이 은혜의 흔적들을 조금씩 적어놓았었다. 이번 책은 그 크고 많은 은혜의 일부를 묶은 것이다. 나 같은 돌탕에게 베푸셨던 하나님의 은혜가 이 책을 읽는 모든 이들에게도 넘치게 되기를 희망한다. 그 희망 하나로 부끄럽지만 용기를 내어 이 책을 세상에 내어 놓는다.

2018년 봄

에펠탑이 멀리 보이는 파리 15구 사택에서

저자 성원용

# I

# 본질을 붙들면 후회하지 않는다

# 본질을 붙들면 후회하지 않는다

2012년 11월 12일, 나는 홍콩을 거쳐 필리핀 마닐라로 가는 비행기 안에 있었다. 정확하게 한 달 하고 18일 후면 내 나이도 오십이 되는 때였다. 선교 현장을 방문하러 가는 길이었지만 생각은 선교가 아닌 나이에 머물러 있었다. 누구나 그런 착각 속에 살고 있겠지만 나 역시도 내 인생이 오십의 언덕을 넘을 거라고는 한 번도 생각하지 않고 살았다. 하지만 그 순간은 다가오고야 말았다. 마음이 뒤숭숭했다.

나이가 들어가면서 내 마음속엔 조바심도 덩달아 늘어간다. 인생은 자꾸만 빨리 흘러가는데 별로 이루어 놓은 일이 없기 때문이다. 더군다나 교회와 주님을 위해서 일할 수 있는 시간이 얼마 남지 않았다는 생각이 자꾸만 들어서다. 주님은 우리의 일이 아니라 우리의 존재 자체를 귀하게 여기신다는 사실을 모르는 바 아니지만, 이렇게 인생을 흘려보낼 수 없다는 내 자신에 대한 무언의 질책이 자꾸만 드는 건 어쩔 수 없다.

20세기 중반 미국의 잠든 교회들을 흔들어 깨웠던 A W 토저가 『임재체험』이란 책에서 "인생을 낭비하는 것은 비극이니 수고로이 행하다가 없어질 것에 투자하지 말고 영원한 것에 투자하라"고 역설한 글을 읽고 생각을 정리해 본 적이 있었다.

내 인생 전반전은 분명 허비된 것 같지는 않다. 그렇다고 뭔가 자랑할 만한 결실을 거둔 것도 아닌 것 같다. 열심히 하고 수고는 많이 한 것 같은데 돌아보면 허망함이, 앞을 바라다보면 조급함이 사무친다. 그러면서 이렇게 다짐해 본다. '항상 변하고, 언젠가는 없어질 변두리 같은 일상에 내 남은 시간을 소모하지 말자. 영원히 존재하시는 하나님과 그 나라와 그 의에 집중하자.'

토저 박사가 소개한 한 영국 귀족의 일화가 가슴에 남는다. "영국의 한 귀족이 89세의 나이로 세상을 떠나게 되었다. 그는 상당한 재력과 지위를 가진 사람이었으며, 많은 재능을 가진 사람이었다. 그런 그가 성인으로 보낸 70년 동안에 한 일은 반점 생쥐를 기르는 일이었다."

하나님의 형상으로 태어나 왕 같은 제사장이 되어 살다 가야 할 인생이 반점 생쥐를 기르느라고 70년을 보내다니! 그것도 할 일 많고 사회적 책임도 가진 영국 귀족이 말이다. 기가 찼다. 그런데 곰곰이 생각하니 그게 꼭 남의 이야기처럼 들리지가 않는다.

내가 늘 설교하는 교우들만이 아니라, 타국 땅에 유학 와서 학업에 아르바이트에 정신없이 쫓기는 삶을 살아가는 유학생만이 아니다. 어찌 보면 목회자라는 그럴듯한 타이틀을 달고 있는 나 자신이 반쯤 생쥐를 기르느라 인생과 마음을 허비하는 사람이라는 생각이 불현 듯 든다.

사람들은 누구나 열심히 산다. 자기가 하는 일에 나름 의미를 부여하기도 한다. 그러나 무엇을 위한 열심인지가 중요하다. 하나님이 알아주시는 진짜 의미 있는 일인지가 중요한 것이다.

홍콩에서 마닐라로 가는 짧은 시간, 비행기 안에서 검푸른 태평양 바다를 내려다보며 깊은 상념에 잠겼다. 인생은 어디서 와서 어디로 흘러가는 것일까. 어떻게 사는 것이 후회없는 인생이라고 할 수 있겠는가. 분주하게 일을 좇아가는 것은 아닐 것이다. 어떤 성취감도 아닐 것이다. 무수한 관계도 물론 아닐 것이다.

고국의 어느 거리였던 것 같다. 늦가을, 찬바람이 한바탕 휘몰아간 뒤에 무수한 낙엽이 여지없이 떨어지고 있었다. 그런데, 앙상한 가지와 함께 드러난 건 빨간 능금이었다. 각자의 인생 길이와 넓이, 깊이는 다르겠지만 하나님께서 그 인생을 향해 찾으시는 것은 훤칠한 키도 아니고 화려한 잎사귀도 아니고, 작지만 빨갛고 탐스런 열매이리라. 그 본질 맺기에 충실한 인생일 수 있다면 후회없는 인생일 거란 생각이 문득 들었었다.

그때로부터 십수 년이 흐른 2012년에 나는 다시 본질을 생각했다. 그때 흘려버리듯 지나쳤던 본질을 무수한 잎사귀를 떨군 그제서야 생각했던 것이다. 인생 오십을 앞두고 말이다. 그 순간에 다짐했다. '지금에라도 깨달았으니 이제 오십부터 시작하는 인생 후반전은 더욱 본질을 찾고 본질을 걸어가는 삶이 되리라.' '나이듦의 미학'이란 말도 있듯이 나이듦이 꼭 사그라듦만은 아닌 것 같다. 오히려 묵직함, 단순함 같은 본질에 더욱 다가가게 하는 시간인 것 같다. 인생 오십, 낯선 여행길이지만 어쩐지 후회 없는, 더욱 짜릿한 인생 후반전이 펼쳐질 것 같다.

그 같은 깨달음을 얻은 2012년도 훌쩍 지나 이제 2018년이 되었다. 그때 이후 본질을 붙잡으려 지독히 애써왔다. 그래서 모든 순간, 모든 만남들이 의미로웠다. 세월은 무섭게 지나간다. 이제 인생 60을 바라보며 나아간다. 흘러가는 시간 속에서 계속 다짐한다. '그래, 본질을 붙잡자. 본질을 붙잡아야 후회하지 않는다. 비본질적인 일에 인생을 허비하지 않으리라.' 본질을 붙잡는다는 것은 오직 은혜로만 살겠다는 말이다. 그렇다. 모든 것이 은혜다. 지금까지 지내온 것이 은혜였다. 앞으로도 은혜가 나를 인도할 것이다. 내 인생 여정 다할 때까지 본질을 붙들고 살리라. 그리고 강 건너 언덕 이를 때 고백하리라. "예수 인도하셨네. 주 은혜가 나를 인도하셨도다."

'주여, 기왕 한번 살다 가는 인생이오니 반점 생쥐 같은 하찮은 것들에 내 인생을 낭비하지 말고 영원한 나라의 일, 생명 살리는 일에 전력하다가 죽는 복을 주소서! 인생 변죽 같은 잎사귀, 나무 키 자라는 일에 시간 쏟지 말고 작지만 탐스런 열매 한 알 맺는 일에 수고의 땀을 흘리게 하소서!'

# 부르신 그곳에서 예배하리!

나는 한 번도 나 자신이 선교사가 되겠다는 생각을 해본 적이 없었다. 장신대에서 신학도로 7년을 보내는 동안 늘 기도하면서 준비한 것은 오직 한국에서 교회를 개척하여 목회하는 것이었다. 민족복음화가 나의 꿈이었기 때문이다. 그래서 학기 중에도 나는 교회, 직업훈련원, 기도원을 오가며 사역에 힘썼다. 방학 때는 지리산 전도나 여러 지역 집회를 인도하며 지냈다. 그러노라면 구두 밑창이 닳아서 너덜거리곤 했다. 돌아보면 그때가 내 생애에서 가장 뜨겁고 순수하고 열정적인 시간들이었다.

그런데 인생 길은 늘 뜻하지 않게, 예기치 않게 열리고 나아가는 것 같다. 신대원을 마치고 전임전도사로 교회에서 사역을 시작한 지 1년 만에 총회 파송 프랑스 선교사가 된 것이다. 나는 본의 아니게

장신대 학부와 신대원 동기생 가운데 가장 먼저 선교사가 되었다. 너무나 갑작스럽게 이루어진 일이라 처음엔 혼란스럽기까지 했지만 돌이켜보면 감사할 뿐이다. 하나님은 나의 꿈을 무너뜨리시고 그 자리에 주님의 꿈을 심으셨던 것이다.

불어 한마디 못하는데다 그때까지 제주도가 가장 멀리 가본 여행길이었던 나에게 프랑스 파리의 생활은 기대 반 두려움 반이었다. 세계인의 로망인 파리 생활을 하면서 날마다 에펠탑을 바라보고, 세느 강을 감상하며, 카페에 앉아 샹송을 들으며 진한 에스프레소 커피 한 잔을 마실 수 있다는 사실은 얼마나 멋들어진 일인가. 하지만 높기만 한 프랑스 언어의 장벽, 힘들다고 소문난 유럽 디아스포라 한인목회, 자존심과 콧대가 높기로 세계에서 둘째가라면 서러워 할 프랑스인들과의 관계, 유럽이 선교지인가에 대한 확신 부족은 내 맘 마음을 졸이고 두려움에 빠지게 했다. 한 마디로 선교사로서 제대로 된 준비 하나 갖추지 못한 부끄러운 자화상이었다.

결국 프랑스 사역을 시작한 지 한 달 만에 일은 터지고 말았다. 남동생이 교통사고로 죽은 것이다. 청천벽력과 같은 일이었다. 부모님께서는 선교의 길을 떠난 아들을 생각해 동생의 장례를 다 마친 후에 소식을 전해 주셨다. 먼저 간 동생을 생각하며 울고, 해외생활을 시작한 아들에게 충격의 짐을 조금이나마 덜어주시려는 부모님의 마음이 고마워 또 울었다.

그게 끝이 아니었다. 프랑스 정착 5개월 동안 참으로 많은 일들이 일어났다. 시골에 계신 어머니가 원인을 알 수 없는 두통으로 쓰러져 일어나지 못하시는가 하면 심장판막 제거수술과 위암수술을 하시게 되었다. 어둠의 영들이 선교의 길을 방해하고 있다는 것이 분명하게 느껴졌다.

그런데 신기한 점은 이런 일들을 연속 겪으면서 나와 아내의 마음속에는 미래에 대한 두려움이 아니라 하나님께서 우리를 그곳으로 부르셨다는 소명감이 더 강하게 일어나는 것이었다.

하지만 홀로 있을 때면 어김없이 슬픔과 절망감이 마음을 휩쓸면서 온 몸에 힘이 빠지곤 했다. '아, 이것이 엄습한 사망의 그림자구나'라는 생각에 두려워지기 시작했다. 그것을 극복하는 길은 다른 방법이 없었다. 오직 기도밖에는.

동네 프랑스 복음주의 교회의 작은 예배당에 나가서 매일 주님께 부르짖었다. 그때마다 주님의 만져주심, 즉 치유와 회복을 경험할 수 있었다. 그것이 파리에서도 새벽기도를 빠지지 않고 이어가게 한 배경이 되었다. 요즘은 파리에 있는 6개의 한인교회가 파리14구에 있는 프랑스 개신교회 예배당을 빌려 연합 새벽기도를 드리고 있다. 그렇게 해서 1996년부터 시작된 새벽기도회는 20년이 훌쩍 넘은 지금까지도 변함없이 이어지고 있다. 그리고 그때나 지금이나 변함없이 주님의 위로와 비전, 능력을 경험하고 있다. 새벽기도는 내 영성의 젖줄이 된 것이다.

지금도 두려움과 절망의 사건들은 끊이질 않는다. 하지만 예전처럼 거기에 사로잡히는 일은 없다. 그런 일들을 통해 '참으로 하나님께서 나를 여기로 부르셨구나'라는 확신이 샘솟기 때문이다. '설익은 곡식과 같은 나를 소제 제물로 받으시기 위해서 하나님께서 뜨거운 불로 볶고 갈아서 고운 가루를 만들고 계시구나' 하는 생각이 나를 사로잡기 때문이다. 내가 프랑스 땅에서 감당해야 할 구체적인 사역이 무엇인지는 아직 불분명했지만 하나님이 나를 프랑스로 부르셨다는 사실에 대한 확신은 더욱 분명해졌다. 이렇게 해서 나는 프랑스 선교사라는 낯선 삶을 시작하게 되었다. 참으로 갑작스럽고 예기치 못한 부르심이었다.

지금 돌아보면 내 입장에서 갑작스럽고 예기치 못한 일이었지 주님께서는 미리 예정하시고 섭리하시고 그리로 인도하시고 진행하고 계셨음을 깨닫는다. 연애하던 시절 아내는 무지개선교회라는 곳에 나가서 불어 공부를 열심히 했었다. 나는 부질없는 일을 한다고 생각하면서도 몇 번 참석하곤 했었는데, 그 선교회가 지금의 불어권 선교회가 되었다. 그 선교회 분들이 우리 부부의 파송예배에 오셔서 격려해 주셨고, 지금도 좋은 관계로 협력의 끈을 이어가고 있다. 선교회 대표 이몽식 목사님의 두 딸은 유학생으로 파리에 와 우리 교회에서 신실하게 주님을 섬기고 있다.

프랑스로 가기로 결정된 후, 나와 아내는 프랑스와 그곳 영혼들을 생각하며 기도를 시작했다. 그 기도 때마다 가슴속에서 뜨거운 것이 올라오면서 눈물이 펑펑 쏟아졌던 기억이 생생하다. 우리가 프랑스로 떠나기도 전에 성령께서는 미리 기도로 프랑스 선교를 준비시켜 주셨던 것이다. 아무것도 준비되지 못한 나 같은 부족한 사람에게 하나님은 선교사라는 훌륭한 타이틀을 달아주신 것이다.

# 미쳐야 기적이
# 현실이 된다

프랑스 북부 릴 근처에 있는 샤또 블랑(Chateau Blanc) 선교센터를 방문했다. 샤또 블랑은 한국에서 빵집, 와인으로 많이 알려져 있다. 그만큼 샤또 블랑이란 지역이 빵과 와인으로 유명한 곳이라는 의미다. 내가 샤또 블랑을 찾은 것은 한국에서 온 나의 오랜 친구 강동진 목사를 만나기 위해서다.

강 목사는 샤또 블랑 지역에서 사역하는 선교사들을 대상으로 보나콤(강 목사를 통해 세워진 한국의 기독교 농업선교 공동체)의 역사와 사역에 대해 강의를 하고 있었다.

보나(Bona)는 라틴어로써 good, 우리 말로는 '좋은'이라는 의미다. 콤은 커뮤니티(community)의 약자다. 보나콤은 좋은 공동체라는 뜻이다. 기독교 공동체, 가정 공동체, 농촌 공동체, 마을 공동체,

선교 공동체로 충북 보은과 경북 의성에서 공동체를 이루어 농업을 일구고 있다.

오랜 시간 머물 수 없어서 1시간만 그의 강의를 듣고 잠깐 둘러본 뒤 곧장 파리로 돌아와야 했지만 그의 강의는 내 가슴을 뭉클하게 했다. 결국 난 눈물을 쏟고 말았다. 그 순수함에, 그 진솔함에, 그리고 온갖 시련을 묵묵하게 받아내며 꿋꿋하고 한 길 가는 그 인내 때문이다.

강의가 끝나고 강 목사와 함께 샤또 블랑의 농경지와 숲을 돌아보았다. 강 목사는 국내에서만 아니라 전세계 선교사들에게 양계와 농사 기술을 보급하고 있었다. 이 길이 생명을 살리는 길이요, 이 길이 하늘과 땅의 다리를 놓는 길이라고 믿기 때문이다.

그곳은 공기, 물, 주위 환경 등 모든 것이 양계와 농사 짓기에 최적의 장소였다. 우리는 구석구석을 둘러봤다. 코로는 공기를 들이마시고, 눈으로는 하늘이며 나무, 들판을 훑어봤다. 그러다가 강 목사가 갑자기 숲속 나뭇잎을 헤치더니 그 아래 있던 흙을 손가락으로 파서 냄새를 맡아보더니 나에게도 주며 냄새 한번 맡아보라고 했다. '흙의 냄새가 뭐 특별한 게 있을까' 생각하며 코를 갖다 댔는데, 생각했던 흙냄새도 아니고 썩은 나뭇잎 냄새도 아닌 상쾌한 내음이 나는 게 아닌가! 그 흙내음이 신기해서 연신 코를 대고 있는데, 강 목사는 그 흙을 손으로 집어서 입에 넣고 오물오물 씹어 먹는 게 아닌가! 냄새를 맡는 것도 모자라 먹기까지 하다니, 기가 막혀서 내가 물었다. "맛있니?" 그의 대답이 재미있다. "응 맛있어. 바로 이 맛이야!"

진짜일까? 궁금해서 나도 살짝 흙 몇 알을 입에 넣어보았다. 글쎄, 맛있는 거는 잘 모르겠고, 먹어도 괜찮다는 생각은 들었다. 나는 이내 그 흙알들을 입에서 뱉어냈지만 강 목사는 끝내 그 흙을 몸속으로 삼켜버렸다. 역시 나와는 차원이 다른 친구였다.

강 목사가 샤또 블랑에 온 것은 이곳 선교사들에게 농업 기술을 가르치기 위한 것도 있지만 선교 협력을 위해서이기도 하다. 이곳 샤또 블랑에 한국의 보나콤 같은 농업선교공동체를 세우려는 것이다. 이를 위해 보나콤은 양계 및 농업 기술을 제공하고, 시냇가푸른나무교회는 재정을 지원하고, 우리 교회 CCM 보니타스는 선교네트워크를 제공하기로 했다. 3자 협력으로 농업선교공동체를 세우려는 것이다.

이 계획은 이미 오래되었지만 여러 가지 이유로 지체되어 왔다. 이제 사람과 재정, 장소도 준비되었으니 시작만 하면 되는 일이었다. 현재 이 계획은 여러 가지 이유로 프랑스에서 진행하기가 어려워서 아프리카 코트디부아르 아비장으로 장소를 옮겨 놀랍고도 빠른 속도로 진행되고 있다.

파리로 돌아오는 차 안에서 강 목사가 흙을 집어먹던 장면이 자꾸 떠올랐다. 흙이 맛이 있다? 내가 맛본 흙맛은 별로였는데, 그는 도대체 뭣 때문에 그 흙이 맛있다고 한 걸까? 그렇게 흙에 미치다 보니 흙을 통해서 기적을 일으키고 있는 것일까?

옛날 명의들은 환자들의 건강 상태를 정확하게 파악하기 위해 그들의 배설물에 코를 대서 냄새를 맡고 혀로 직접 그 맛을 봤다고 한다. 병을 치료하는 일에 미친 사람이 아니고서야 어떻게 그렇게 할 수 있단 말인가. 아니, 그렇게까지 미친 사람이 되어야지만 비로소 탁월한 치료법을 발견하게 되고 명의의 경지에 이르게 되는 게 아닐까?

탁월한 전도자 사도 바울 역시 '미친 사람'이었다.(고후 5:13,14) 복음에 미치고, 그리스도의 사랑에 미친 사람이었기에 그런 초인적인 사역을 감당할 수 있었을 것이다.

미치지 않고서는 기적은 남의 이야기일 수밖에 없는 것 같다. 자기가 하는 일에 미친 사람, 그를 통해 비로소 사람들은 움직이고, 세상은 변화된다. 나는 목회자이며 선교사다. 나도 교우들을 주의 제자로 훈련하고 양육하는 목회에, 주의 복음을 땅 끝까지 전하는 전도와 선교에 미치고 싶다. 남은 생을 미쳐서 살고 싶다.

# "나를 사랑하느냐?"는 질문 앞에서

여기는 프랑스 중부 루아르 강변에 있는 고성 샹보르 성. 작은 호텔에서 두바이한인교회 신철범 목사님과 하룻밤을 보내면서 마음 속 얘기들을 많이 나누었다. 평소 신 목사님에 대해 참 편안하면서도 깊고 맑고 헌신된 선배님이라고 생각했다. 그 날도 편안하게 목회에 대해 이런저런 얘기를 하는데 신 목사님이 느닷없이 "성 목사님은 교회를 사랑하세요?"라고 묻는 것이 아닌가.

순간 적잖이 당황했다. 교회를 사랑하니까 당연히 목회를 하는 거고, 그것도 나름 누구보다 열심히 목회를 하고 있다고 자부하는데, 그런 모습을 익히 잘 아시는 선배 목사님께서 고군분투하고 있는 후배 목사에게 "교회를 사랑하느냐?"고 물으시니 말이다. 그런데 이 질문이 예사롭지 않게 들렸던 것은 마치 갈릴리 바닷가의 배반한 제자 베드로를 찾아오셔서 예수님이 던지셨던 "네가 나를 사랑하느냐?"는 질문처럼 다가왔기 때문이다. 어쩌면 교회를 사랑한다고 생각하고 살았던 것이지 실제로는 교회를 사랑한 것이 아닐 수도 있다는 순간의 헷갈림이 몹시 당황스러웠던 것이다.

잠시 머뭇거리는 나에게 신 목사님이 이번엔 연속으로 묻는다. "교회와 막내아들 은석이 둘 중에서 하나를 선택하라고 한다면 단 1초의 주저함도 없이 교회를 선택할 수 있나요?" "은석이와 교인에게 동시에 사고가 났을 때 1초의 주저함도 없이 교인을 먼저 구하는 것을 택할 수 있나요?" 나는 답을 못한 채 주저하고 망설이고 있었다. 그럴 수 있을 것 같은데, 막상 그 일을 당하면 그럴 수 없을 것 같기도 했기 때문이다.

이럴 땐 겉으로라도 "당연히 교회가 먼저죠"라고 얘기할 수 있어야 하는데, 존경하는 선배 목사님 앞에서 영혼 없는 겉치레 말을 하고 싶진 않았다. 정말 고민이 됐다. 마치 "아빠가 좋아? 엄마가 좋아?"라는 질문 앞에 머뭇거리는 어린아이의 심정 같다고나 할까.

이런 곤란한 내 처지는 아시는지 모르시는지 신 목사님은 저녁을 먹고 산책을 하면서도 계속 같은 질문을 한다. "교회는 주님의 현존인데, 그 교회를 은석이보다 더 사랑할 수 있나요?" "교회와 은석이 중에서 1초의 주저도 없이 교회를 선택할 수 있나요?"

이제 그만 들었으면 좋겠는데 질문은 계속된다. 갈수록 고개가 떨구어진다. 목사님은 어떻게 내 약점을 이렇게 잘 아시고 집중적으로 파고드는 것일까. 그동안 편안한 선배 목사님으로만 생각했는데 좀 무섭기도 하고 약간 얄밉기도 했다.

그런 내 마음을 읽으셨는지 목사님이 살짝 미소를 짓더니 이런 말씀을 하신다. "성 목사님, 너무 고민하지 마세요. 주님은 아무에게나 당신의 교회를 맡기시지 않습니다. 그것을 할 수 있는 사람에게 맡기시죠. 베드로에게 "네가 나를 사랑하느냐 그러면 내 양을 먹이라"고 하신 것처럼 말이죠. 목사님이 넉넉히 하실 수 있으니까 지금의 파리 선한장로교회를 맡기신 겁니다."

나는 선배님의 그 말씀을 듣고 하마터면 눈물이 날 뻔 했다. 정말 이거냐 저거냐 인간적으로 고민하는 나에게 '할 수 있으니까 맡긴 것'이라는 말씀이 해답을 줬던 것이다. 만약 목사님이 그 말씀을 하지 않았다면 난 정말 심각하게 고민했을지 모른다. 정말 내가 교회를 사랑하는지, 정말 내가 이 교회를 맡기에 적합한 사람인지 말이다.

'나는 교회를 정말 사랑하는가?' 그날 밤 이후로 내 마음속엔 이 질문이 떠나질 않는다. 이 질문 앞에 설 때면 저절로 처음 마음으로 돌아간다. 교회를 위해 자신의 몸을 버리신 주님을, 그 독생자를 내어주신 하나님 아버지의 심정을 헤아려보게 된다. 비로소 목회의 본질에 나를 드리려 몸부림치게 된다.

어쩌면 신 목사님은 다른 것 때문이 아니라 내게 이 질문을 하시려고 그날 먼 두바이에서 파리까지 오셨을지 모르겠다는 생각이 든다. 그도 그럴 것이 목사님은 당신이 직접 누군가를 먼저 찾아가서 만난 경우는 체코의 이종실 목사님과 내가 전부라고 하시니 말이다.

예전엔 요한복음 21장을 읽을 때면 결정적인 순간에 예수님을 배반하고 일상으로 돌아갔던 베드로에게 그저 인간적인 측은지심이 들 정도였다. 그리고 "네가 나를 사랑하느냐? 네가 이 사람들보다 나를 더 사랑하느냐?"란 질문 앞에 괴로워하며 "그렇습니다. 내가 주님을 사랑하는 줄 주께서 아십니다"라고 대답하는 베드로가 대단하다는 생각은 했지만 그 베드로가 나와 직접 관련이 있다는 생각은 별로 해본 적이 없다.

그런데 그게 아니었다. 예전엔 선배 목사님을 통해 간접적으로 질문했다면, 아니면 나 스스로 질문을 던졌었다면, 주님은 이제 내게 직접 물으시는 것 같다. "네가 이 사람들보다 나를 더 사랑하느냐? 네가 그 무엇보다 내 교회를 더 사랑하느냐?"

그런데 나는 아직도 "예, 지당하신 말이지요!"라는 시원한 대답을 못 드리고 있다. 그때처럼 아직도 머뭇거리고 있다. '내가 과연 그럴 만한 사람일까?'라며 의문을 던지고 있다. 도대체 언제쯤 나는 주님 앞에 "네 그렇습니다. 내가 다른 누구보다 주님을 사랑합니다. 이 세상 그 무엇보다 주님의 교회를 사랑합니다"라고 고백할 수 있을까?

# 복음을 위해
# 저항하고 있는가?

프랑스 남부 항구 도시 세트(Sete)에서 열리는 프랑스 개신교연합 교회 총회에 참석하기 위해서 자동차로 800㎞를 달렸다. 서울과 부산을 거의 왕복하는 거리다. 한국에서 오신 정영택 총회장님을 공항 영접하고 다음날 바로 위그노 유적지를 찾았다. 개신교도들을 가두는 데 사용했던 감옥과 개신교도들이 박해를 피해 숨어 들어가 살았던 광야박물관을 하루 일정으로 방문한 것이다.

원래 프로테스탄트였지만 정치적 목적을 위해 가톨릭으로 개종했던 앙리4세가 프랑스의 왕이 되면서 프랑스 개신교도들인 위그노(Hugueno)에게 종교의 자유가 주어졌다.(낭트 칙령, 1598년) 하지만 루이14세가 프랑스 왕이 되면서 왕권신수설 등을 토대로 절대권력을 휘둘렀다. 특히 그는 프로테스탄트를 적대시해 그들에게 주었던 예배의 자유를 철회해 버리고 말았다.(퐁텐불로 칙령, 1685년) 이후 프랑스혁명에 의해 종교의 자유가 주어지는 1789년까지 위그노들은 무려 104년 동안이나 참혹한 박해의 시간을 보내야 했다. 그 기간을 프랑스 개신교회는 '교회의 광야시대'라고 부른다.

위그노들을 가뒀던 감옥(La Tour de Constnace)은 원래 외적의 침입을 막기 위한 곳이었으나, 한 여인이 위그노 설교자의 딸이라는 이유로 19세에 체포되어 38년 동안 옥고를 치르면서도 신앙의 지조를 끝까지 지킨 현장이기도 했다. 돌로 만든 감옥의 스산함 때문이었을까. 아니면 오랜 기간 신앙의 절개를 지켜냈던 위그노들의 결연한 의지와 고초를 견뎌낸 그 처절한 인내 때문이었을까. 감옥 안에 들어섰을 때, 감옥에서 옥고를 감내한 여인들의 아픔이 마음에 밀려와 소름이 돋음 지겨이었다

감옥은 두 개의 층으로 이루어졌다. 두 번째 층에 올라가면 철필로 감옥 바닥에 'Résister'(저항하라)라고 쓴 단어가 그대로 보존되어 있다. 오랜 감옥 생활로 인해서 위그노들의 마음이 흔들릴 때, 감옥 안에서 그들의 지도자가 된 마리 뒤랑(Marie durand)이 쓴 글씨라고 한다. 이 글씨를 보고 여인들은 마음을 다잡고 마지막까지 신앙의 지조를 지키게 됐다는 것이다. 감옥을 나오는 우리의 발걸음이 무거웠다.

우리는 다음 장소인 광야박물관으로 차를 달렸다. 그러면서 나는 또 스스로에게 문제를 던졌다. 우리는 저항하고 있는가? 불의와 비진리에 대해서. 우리는 희생하고 있는가? 복음을 위해서. 우리는 지

조를 지키고 있는가? 주님과 세상 사이에서.

광야박물관은 1911년 9월에 문을 열었다. 숱한 희생자들의 목록과 다양한 자료들이 비치된 이곳은 자연스럽게 프랑스 위그노 후손들의 만남의 장 역할도 하고 있다. 1년에 한 차례씩 위그노들을 위한 기념행사가 성대하게 열리고 있다고 한다.

세벤느(Cevene) 지역은 산들이 병풍처럼 둘러싸여서 천연의 요새와도 같은 곳이다. 그곳에 위치한 광야박물관에는 위그노의 많은 유물들이 전시되어 있고, 종교개혁 당시에 발간된 책들과 박해 받던 시대의 흔적들이 많이 남아 있었다. 위그노들을 박해하기 위해서 사용했던 고문 도구들과 그들이 저항할 때 사용했던 무기들, 가족과 이별하는 그림들, 위그노 지도자들이 끌려가 평생 노를 젓다가 죽어야 했던 노예선의 모형들…. 신앙을 지키기 위해 혼신의 힘을 다했던 위그노들의 고된 역사가 그대로 보존되어 있는 것이다.

박물관 벽에는 이런 성경 말씀도 기록되어 있었다. "의를 위하여 핍박을 받은 자는 복이 있나니 천국이 그들의 것임이라"(마 5:10) "하나님 앞에서 너희의 말을 듣는 것이 하나님의 말씀을 듣는 것보다 옳은가 판단하라"(행 4:19)

지난 500년 동안 프랑스 위그노들은 성경의 말씀, 복음을 따르기 위해 박해와 죽음을 두려워하지 않고 저항해왔다. 안타까운 것은 길고 긴 고난의 시절에도 말씀을 버리지 않았던 그들이 이제는 하나님의 말씀을 따르는 대신 세상의 흐름에 자신들을 너무나도 쉽게 내어주고 있는 현실이다. 프랑스 개신교연합교단 총회에서 그들은 동성

애자들의 결혼을 받아들이고 시청에서 결혼식을 마친 이들이 교회에서도 결혼식을 할 수 있도록 허락하는 결정을 했다. 그럼에도 불행 중 다행이라고나 할까, 그들의 결혼예식을 집례하고 말고는 목회자들이 결정하도록 했다는 것이다.

박물관 마지막 방에는 어느 무명의 위그노가 기록한 시가 그림과 함께 전시되어 있었다. 그 시와 그림을 떠올릴 때마다 나는 가슴 뭉클한 감동과 아픔을 느끼곤 한다.

'Fais Seigneur, Que je regarde l'anneau de fer que je porte...... comme un anneau nuptial. Et les chaines que je traine....... comme des chaines de ton Amour….' (주님이시여, 저로 하여금 저를 묶고 있는 쇠고리를 결혼반지로 보게 하시고, 저를 끌고 가는 이 사슬을 주님의 사랑의 사슬로 보게 하소서.)

작은 수고를 하고도 남들이 알아주기를 바라고, 작은 고난에도 원망과 불평을 일삼는 나의 자화상을 부끄럽게 바라보도록 하는 거울 같은 시다.

다시 한 번 자문해 본다. '나는 지금 이 거센 세속화의 물결 속에서 복음을 지키기 위해 레지스떼(저항)하고 있는가?' 질문의 범위를 넓혀본다. '한국 교회는 저항하는 교회인가? 그저 시대와 환경에 순응하는 교회인가?' 복음을 위해 죽음을 두려워하지 않았던 위그노들이 지금 나와 우리 교회에 외치는 것 같다. "레지스떼 하라! 생명을 걸고."

# 나는 평생 기도하는 종으로 살고 싶다

"조각가가 하는 일은 돌 안에 들어 있는 형상을 해방하는 것뿐이다." 르네상스 시대 이탈리아의 탁월한 조각가였던 미켈란젤로가 한 말이다. 그의 말대로 그저 커다랗기만 한 돌덩어리가 그 앞에 놓이고, 그의 손에 든 정과 망치가 이리저리 돌아가면서 그 돌에 부딪히고 나면 놀라운 형상들이 나타나게 된다. 미켈란젤로의 진정한 능력은 돌을 떼어내고 쪼아내는 기술이 아니라 그 돌덩이 안에 들어 있는 형상을 보는 능력이다. 그 능력을 가지고 작업을 하면 예술가지만 그게 없이 작업을 하면 기술자일 뿐이다.

그 눈으로 보니 모든 게 '돌 속에서의 형상 찾기'가 아닌가 싶다. 교육을 하는 선생은 자기 앞에 서 있는 제자들 속에 들어 있는 아름다운 미래의 모습을 보고 그 형상이 드러날 때까지 군더더기를 떼어

내고 다듬어 주는 인생의 조각가라고 할 수 있다.

목회자도 마찬가지다. 그는 성도들의 내면에 들어 있는 아름답고 거룩한 하나님의 형상을 보는 눈을 지녀야 한다. 지금 보이는 그 모습이 아니라 그 속에 숨어 있는 거룩하고 신비로운 하나님의 형상을 들여다보면서 그 형상이 선명하게 드러날 때까지 눈물로 기도하면서 말씀으로 양육하고 훈련하는 영적 조각가가 되어야 한다.

나의 경우를 보니 그 일이 결코 쉬운 것은 아니다. 내 목회 능력의 부족 탓이다. 성도의 내면에 있는 하나님의 형상을 보고 이리저리 춤추듯이 움직이면서 그 형상을 드러내는 도의 경지에 이르러야 하는데, 시간이 지나고 나이를 먹어 가도 아직 보는 눈이 어둡고 목회 솜씨도 미숙하기 그지없다. 그러니 성도들만 고생하는 것 같다. 늘 미안한 마음뿐이다.

그래서 날마다 이 기도를 빠뜨리지 않게 된다. '주님, 저의 어두운 눈을 밝혀주소서. 그리하여 교우들 안에 있는 주님의 형상을 보게 하소서. 저에게 지혜와 능력을 주소서. 그리하여 교우들 안에 있는 하나님의 형상을 드러내게 하소서!'

그런데, 신기하다. 이 기도를 할 때면 내 내면이 더 잘 들여다보이는 것 같아서다. 마치 거울을 보듯이 있는 그대로의 내 내면을 볼 수 있다. 기도를 통해 주시는 하나님의 은혜가 아닌가 싶다. 그리곤 한없이 부끄러워져 은혜를 구할 수밖에 없게 된다.

윤동주는 '자화상'이란 시에서 부끄러운 자아와 씨름하는 자신의 모습을 그리고 있다. "산모퉁이를 돌아 논가 외딴 우물을 홀로 찾아

가선 가만히 들여다봅니다. … 어쩐지 그 사나이가 미워져 돌아갑니다. 돌아가다 생각하니 그 사나이가 가엾어집니다. 도로가 들여다보니 사나이는 그대로 있습니다. 다시 그 사나이가 미워져 돌아갑니다. 돌아가다 생각하니 그 사나이가 그리워집니다."

사람이 진실과 마주했을 때 두 가지 반응으로 나뉘어진다고 한다. 눈물을 흘리거나 분노를 하거나. 그리스도인은 당연히 눈물을 흘리는 게 정상이 아닐까. 가난한 자아, 한없이 보잘것없는 자신과 마주했을 땐 다른 게 없다. 있는 모습 그대로 하나님 앞에 인정하고 도움을 구하는 것이다. 그럴 때 하나님은 불쌍히 여기시고 반드시 회복되는 은혜를 주신다.

그래서 기도는 은혜요 그리스도인의 특권이다. 이 특권을 잘 활용하기만 한다면 우리 인생길에서 만나는 수많은 역경과 문제들을 넉넉하게 극복하며 승리하는 기적의 인생이 될 수 있다. 사실, 인생의 많은 문제, 목회의 많은 난관들을 뚫는 방법은 기도 외에 특별한 게 따로 없다. 기도하면 결국 대박인생이 되지만 기도 없이는 결국 쪽박인생이 된다. 나는 이것을 알기에 내 인생과 목회에서 늘 기도를 최우선순위에 두고 살아간다.

기도 속에서 나 자신도 알지 못했던 내 모습을 발견한다. 그렇다 보니 언제부턴가 그 기도를 좋아하고 기도에 점점 매혹되어 간 것 같다. 그렇게 좋은 기도를 멀리하거나 건성으로 하게 만드는 몇 가지 원인이 있는 것 같다. 그것은 바로 욕심, 의심, 낙심, 근심, 조바심이다. 이것들을 극복하고 뚫어내야 기도생활에 승리할 수 있다. 비로소 자신의 모습을 보게 되고, 하나님의 은혜와 긍휼을 경험할 수 있다.

매년 우리 교회에서 열리는 부흥회와 수련회는 생명의 말씀을 듣는 일과 더불어 우리의 기도를 막고 있는 것들을 뚫어내는 시간이기도 하다. 얼마 전 있었던 부흥회를 통해서 교우들은 기도를 막고 있는 것들이 뚫리고 영적 생활을 방해하는 것들이 제거되는 경험을 했다. 막힌 하수구를 뚫어내고 난 후에 물이 시원하게 빠질 때처럼 유쾌한 기분을 만끽할 수 있었다.

인생을 어떻게 살아야 할까? 나는 기도하는 종으로 살고 싶다. 기도 없이는 결코 감당할 수 없는 것이 인간의 삶인 것을 고백할 수밖에 없다. 그래서 나와 관계된 모든 사람들에게 기도의 사람이 되라고 권면한다. 기도 외에는 다른 길이 없기 때문이다. 기도만이 참된 자신을 발견하게 해주고, 하나님의 은혜를 맛보게 해주기 때문이다.

그래서 나는 매일 다짐한다.

'내 평생 기도하는 종으로 살리라.'

# 새벽을 깨워 인생과 역사를 열자

매년 새해를 맞을 때면 지나온 한 해를 돌아보며 특별한 다짐과 바람의 시간을 갖는다. 올해는 말씀과 기도에 집중하기로 하고 성령님의 도우심을 요청했다. 무엇보다 새벽기도를 꾸준히 이어가고 싶다. 새벽기도를 통해 기도의 영성을 회복하고, 능력과 기름부음이 더욱 충만한 목회자로 서고 싶다.

유럽 교회에는 새벽기도가 없다. 그러나 유럽에 있는 한국교회는 다르다. 많은 교회들이 타국에서도 새벽기도를 이어가고 있다. 우리 교회도 예외가 아니다. 교회 청년들이 먼 길을 마다하지 않고 새벽기도회에 나와서 기도하고 있다. '학업에 아르바이트, 교회봉사로 얼마나 고단할까' 하는 안쓰러운 마음이 들지만, 젊은 시절 새벽을 깨우며 하나님께 기도드리는 그들에게서 밝은 내일이 오버랩되는 것을 본다. 눈물 나게 고맙고 감격스럽다.

편안한 삶과 경건한 삶은 반비례한다. 잠시 편안한 삶을 포기하고 고단하지만 경건한 삶을 선택해 나가는 우리 젊은이들이 있기에 목회자인 나는 저절로 행복하고 힘이 난다. 그들이 목회자인 나를 깨우고 교회를 깨우고 민족과 유럽을 깨우고 있다.

새벽은 어둠을 밝히는 시간이다. 하루를 여는 시간이다. 몸과 마음이 깨어나는 시간이다. 하여 새벽은 인생과 역사를 열어젖히는 시간이다. 역사의 주인공으로 살아간 대부분의 사람들은 새벽을 깨운 사람들이었다. 그들은 사방이 어둑한 시간에 일어나 책을 읽고, 새벽 일찍 일어나 계획하고, 먼동이 틀 때 일과를 시작했다. 성경이나 교회사에 등장하는 신앙의 거장들도 대부분 새벽을 깨운 사람들이다.

성경과 이스라엘 역사에서 찬란한 이름으로 남은 다윗은 이스라엘의 새벽을 깨웠던 사람이다. 그는 새벽에 즐겨 노래했다. 새벽에 하나님이 기도를 들으신다는 확신을 갖고 있었다. 새벽이 하루를 깨우듯 그렇게 새벽기도를 통해 자신을 깨우고 이스라엘 민족을 깨우는 것을 소명처럼 여겼던 사람이다.

종교개혁의 상징이 된 마르틴 루터 역시 기도의 사람이었다. 특히 새벽기도의 사람이었다. 루터는 "만일 내가 새벽에 두 시간 이상을 기도하지 않았다면 그날의 승리는 마귀에게 돌아갔을 것이다. 나에게는 너무나 할 일이 많았다. 그러나 날마다 세 시간 이상 기도하는 것보다 더 중요한 일은 없었다. 그 기도가 모든 일을 지탱해 나가는 힘이 되었다"고 했다. 당시 거대한 종교권력에 맞서 95개 조의 반박문을 붙이고 왕성한 개혁운동을 벌일 수 있었던 힘은 바로 새벽기도에 있었다는 것이다.

나 역시도 파리에서 목회를 감당할 수 있는 힘, 나에게 주어진 길을 갈 수 있는 힘, 그것은 바로 새벽기도에서 나온다고 확신있게 말할 수 있다. 졸리고 고단한 몸을 벌떡 일으켜 세워 간단한 채비를 하고 어둑한 길을 나서면 어느 순간엔가 나의 몸과 정신은 깨어난다. 새벽 그 싸한 공기가 코와 입을 통해 내 속에 들어오며 내 육신에 활기를 불어넣듯 마치 그 시간 하나님의 은혜와 생명도 함께 내 속에 들어오는 것 같다.

예배 중에 나누는 말씀은 매일의 일용할 양식, 생명 양식이 된다. 어쩌면 그렇게 나에게 꼭 맞는 말씀인지 깜짝깜짝 놀랄 때가 한두 번이 아니다. 새벽 그 말씀은 교인들에게가 아니라 설교자인 나 자신에게 들려 주는 말씀 같다. 새벽 그 말씀은 영혼의 양식만 되는 것이 아니라 기도의 제목이 된다. 이어지는 개인기도 시간은 간절하면서도 감사가 넘치는 주님의 임재 시간이다.

내가 즐겁게 새벽을 깨우듯 청년들이 고단한 몸으로 먼 거리를 마다하지 않고 달려 나오는 이유도 여기에 있는 것 같다. 주님이 새 생명을 부어 주시기 때문이다. 주님이 생명의 양식을 공급해 주시기 때문이다. 그 상황, 그 날에 꼭 맞는 말씀을 주시고, 임재해 주시기 때문이다. 이보다 더 큰 즐거움이 어디에 있겠는가.

이렇게 새벽기도로 시작된 하루는 그렇지 않고 시작된 하루와는 질적, 양적으로 전혀 다른 시간이다. 행복하고 활기차다. 모험과 기대가 넘친다. 여전히 내 앞에는 해결해야 할 많은 문젯거리들이 널려 있지만 이상하게 염려나 두려움이 없어진다. 새벽기도를 통해 나의 내면에 주어진 용기와 믿음 때문이다.

파리에서 목회를 하면서 참 다행스럽고 감사한 것은 매일 새벽기도를 드릴 수 있는 예배당이 있다는 것이다. 비록 기온은 영하로 내려가고 난방도 제공되지 않는 예배당이지만 그것이 새벽기도의 감격을 앗아갈 수는 없다. 오히려 교우들의 열심과 찬송과 뜨거운 기도의 함성으로 열기가 넘치는 것 같다. 난방시설이 잘 되고 편안한 그 어느 교회보다 따뜻하고 편안한 새벽기도 공간이다.

아마 초대 교회 성도들도 이렇지 않았을까. 하늘 보좌를 버리시고 머리 둘 곳도 없는 이 땅에 오셔서 십자가를 지신 우리 주님, 그 주님을 믿고 사랑하기에 편안한 삶을 포기했던 초대 교회 성도들의 삶을 조금이나마 경험할 수 있어서 감사할 따름이다.

이 새벽기도의 경험이 이 세상 그 어떤 성공보다도 위대한 성공이다. 한 해 한 해, 하루 하루 새벽기도에 성공하고 싶다.

"하나님이여 내 마음을 정하였사오니 내가 노래하며 나의 마음을 다하여 찬양하리로다 비파야, 수금아, 깰지어다 내가 새벽을 깨우리로다"(시 108:1,2).

# 생명을 걸고 성경을 읽자

목사는 누구일까? 늘 기도하고 설교하고 성도들을 돌보는 걸 직업으로 하는 사람이라고 생각한다. 성도들을 상담하고 만나다 보니 성경 말씀으로 권면하게 되고 그래서 성경을 더 보게 된다. 주일예배를 비롯해 주중에 있는 예배를 위해 설교를 준비하다 보면 또 성경을 여러 번 봐야 한다. 어떻게 보면 목사는 성경을 읽고 적용하는 걸 업으로 하는 사람이라고 할 수도 있겠다.

그런데 묘한 건 의무적으로든 직업으로든 성경을 자주 접하다 보면 처음엔 내가 의지적으로 읽어가지만, 나중엔 성경이 나를 인도하는 걸 보게 된다. 성경이 나를 읽고 통찰하게 하고 깨우치게 하고 바른 길을 가게 한다. 그게 성경 읽기의 은혜이자 힘이 아닐까 생각한다.

얼마 전 코트디부아르의 수도 아비장을 방문했을 때다. 그곳에서 목회를 하고 있는 백성철 목사님께서 식사 중에 은근히 자기 자랑을 하셨다. "성 목사님, 저는 아침 시간은 잠시 운동하는 것을 제외하고는 성경을 읽고 있습니다. 벌써 150독을 넘어섰습니다."

그 말씀을 듣고 부러움과 큰 도전을 동시에 받았다. '백 목사님의 목회와 선교의 저력이 바로 여기에 있었구나!' 하는 생각이 절로 들었다. 하나님의 말씀을 사모하고 탐구하고 순종하려는 주님의 종을 하나님께서 귀하게 사용하셨다는 증거를 백 목사님을 통해 본 것이다.

"고난 당한 것이 내게 유익이라 이로 말미암아 내가 주의 율례들을 배우게 되었나이다 주의 입의 법이 내게는 천천 금은보다 좋으니이다 주의 손이 나를 만들고 세우셨사오니 내가 깨달아 주의 계명들을 배우게 하소서 주를 경외하는 자들이 나를 보고 기뻐하는 것은 내가 주의 말씀을 바라는 까닭이니이다."

시편 119편 71~74절의 이 고백처럼 나도 신학생 때부터 하나님의 말씀을 내 소유 삼아 평생 하나님의 말씀을 읽고 좇는 일에 나를 바치기로 다짐하고 부지런히 성경을 읽으려고 노력해 왔다. 아침부터 저녁까지 항상 성경을 손에서 놓지 않으려고 힘썼다. 슬픈 일이 있든 억울한 일이 있든 늘 성경 말씀에서 위로를 얻고 소망을 얻으려 했다. 그렇게 한 지 어느 듯 30년이 되었지만 아직도 성경 100독의 고개는 넘지 못했다.

그것은 속독보다는 정독을 하는 나의 독서 습관 때문이기도 하다. 성경을 읽다가도 모르는 뜻이 있으면 찾아봐야 하고, 그 뜻을 알고자 전후 문맥을 찾아 읽다 보면 진도 나가는 것은 아스라이 멀어져가기 일쑤다. 그러니 성경 통독은 나와는 맞지 않는다는 게 평소의 생각이었다.

더구나 요사이는 읽어내야 할 메일과 정보와 책들이 너무 많다. 성경 말고도 읽어야 할 것들이 널려 있다 보니 자연스레 성경 읽기는 뒷전이 되는 것이다. 아니 어쩌면 다른 것들을 읽으며 성경을 못 읽는 데 대한 위안 내지는 핑계를 삼는 것인지도 모르겠다.

사역의 영역이 넓어지는 것도 성경을 많이 읽지 못하게 하는 요인이 된다. 이런저런 모임에, 만남에 이끌리다 보면 자연스레 성경 읽기는 멀어진다. 이러다가는 성경 100독도 못하고 내 삶이 저무는 것 아닌가 하는 위기감 같은 것도 든다.

노안도 성경 읽기를 미루게 하는 원인이다. 어느 순간부터 찾아온 노안이 눈을 침침하게 하고 책을 볼 때마다 머리를 어지럽게 한다. 책을 읽다가도 몇 번이고 안경을 벗었다 썼다를 반복해야 한다. 조금 집중하나 싶더니 금세 눈이 피곤해진다. 이럴 때면 '눈 상태가 좋을 때 더 열심히 읽을 것을!'이라는 후회가 몰려온다. 이제라도 다른 읽을거리들을 줄이고 성경을 더 읽어야겠다고 다짐하게 된다.

그런 뉘우침의 일환으로 이번에 우리 교회가 성경 100독 운동을 시작했다. 사실 이것은 교인들을 위한 것보다는 나를 위한 것이다. 이렇게 해서라도 성경을 의지적으로 읽어 나가려 한다. 물론 성도들 가운데 목사보다 더 열심히 읽는 사람이 있다면 더욱 감사한 일이다. 어떤 분들은 벌써 상당히 읽어나가고 있다는 얘기도 들린다. 그것은 곧 나에게 '더 열심히 읽으라. 전진하라'는 메시지로 들린다.

지금은 100독으로 시작하지만 온 성도가 부지런히 성경을 읽어 150독, 200독으로 목표가 상향 조정되는 기적이 일어나기를 기대하고 있다. 무엇보다 1독 1독 성경 읽기를 쌓아가는 과정 속에서 말씀을 통해 다가오시는 하나님의 현존을 모두가 경험하길 소원한다.

시대가 아무리 첨단을 달려도, 세상이 아무리 빨리 변한다 하더라도 성경이 하나님의 말씀인 것은 변함이 없다. 인간의 역할은 그 말씀을 부지런히 읽고 깨닫고 순종하는 것이다. 그 말씀이 마침내 나를 읽어나가고 나를 지배하고 나를 변화시키는 것이다. 그런 성경 읽기를 위해 목회 내내 성경 통독을 해나가고 싶다. 아니 내 평생 성경 통독을 붙들고 싶다. 혹시 시력이 다한다면 듣는 성경으로라도 성경을 읽어나가고 싶다. 내가 읽는 성경이 나를 읽어나가고 변화시켜 나갈 것이기에.

# '한 길 가는 순례자'가 되고 싶다

2014년 노벨물리학상을 받은 일본의 학자 나카무라 슈지는 그의 성공비결을 "제로 가능성의 길을 택하는 상식 파괴와 500번이 넘는 실패에도 멈추지 않는 독한 실행력"이라고 했다. 그의 말대로 그는 늘 남들이 가지 않는 길을 선택했고, 자신이 선택한 길에서는 좌고우면하지 않고 그 길을 갔다. 그의 독특한 한 우물 파기의 삶은 『끝까지 해내는 힘』(비즈니스북스)이라는 그의 저서에 잘 나타나 있다.

옛날에는 한 우물을 파야 성공한다고 했는데 요즘은 한 우물을 파지 말고 여러 우물을 파야 성공의 가능성을 높인다고들 한다. 전혀 틀린 말은 아니다. 다양한 시도를 하다 보면 여러 가지 기회를 잡을 수 있다는 면에서 나름의 지혜라고 하겠다. 하지만 내 생각은 다르다. 자신의 비전과 사명을 찾는 동안에는 그렇게 해야 하지만 일단 찾은 후에는 그 길에 올인 하는 것이 참된 성공의 길이라고 생각한다. 인생의 진정한 작품은 바로 여기서 만들어지는 것이다.

일가를 이룬 친구들이나 선후배들을 보면 그들은 대부분 미련할 정도로 한 길에 집중하고 매진한 사람들이다. 그 과정에서 '답답한 사람이다', '미련한 사람이다', '융통성이 없는 사람이다'라는 편잔을 듣기도 했지만 그들은 그런 말에 흔들리지 않고 그 길을 끝까지 갔던 사람들이다.

나는 본래 이것저것, 이곳저곳을 다니며 간을 보는 성격이 못된다. 어쩌다 프랑스 파리로 와서 이렇게 지내다보니 벌써 20년을 넘겼다. 주님이 보내셨으니 여기로 왔고 주님이 별말씀 안하시니 그냥 여기서 지금까지 지내게 되었다. 움직일 수 있는 몇 번의 기회가 있기는 했지만 주님의 뜻이라는 확신이 없으니 옮기지 못했다. 어쩌면 여기서 이렇게 살다가 내 인생이 여기서 끝날지도 모르겠다. 그래도 나는 개의치 않는다. 주님이 원하시는 것이 이것이고 내가 가야 할 길이 이 길이라면 나는 앞으로 20년, 30년도 더 이렇게 갈 것이다.

한 길을 흔들리지 않고 가게 되면 그 길이 어떤 길이든 아름답다. 그래서 그런 사람들은 다른 사람들에게 영향을 준다. 진한 감동과 영감을 선사한다. 우리 주님이 그렇게 한 길을 가신 분이 아니던가. 목수의 아들로 태어났지만 자신에게 부여된 사명을 한시도 잊지 않았기에 때를 기다려 본격적인 사역에 투신할 수 있었고, 마침내 고난의 십자가를 지실 수 있었던 것이다.

만약 예수님이 인류 구원이라는 원대한 하나님의 뜻 대신 개인적인 유명세를 생각했다면 고난의 십자가는 반드시 피하셨을 것이다. 그의 제자들 역시 예수님이 죽고 나서 뿔뿔이 흩어져 기독교는 씨앗도 뿌리지 못한 채 사장되고 말았을 것이다.

2000년 전이나 지금이나 예수님을 제대로 따르는 자들의 공통점은 바보같이 한 길을 간다는 것이다. 억센 고집 때문이 아니다. 나이브하거나 꽉 막힌 성격 때문도 아니다. 그저 하나님이 그 길로 부르셨기에, 거기에 두셨기에 다른 길로 부르실 때까지, 다른 곳으로 인도하시기까지 줄곧 그 길을 가는 것이다. 부르셨기 때문에, 주님이 먼저 그렇게 사셨기 때문에.

내 주위에도 그런 이들이 있다. 아무리 봐도 가능성이 없어 보이는데 누가 뭐라 하든 그 길을 억척스럽게 가는 것이다. 아무리 봐도 출세하고는 거리가 먼 길인데 굳이 그 길을 제 좋다며 가는 것이다. 누가 이들을 말릴 수 있으랴. 하지만 안타깝게도 그런 사람들이 많지는 않다.

세상의 변화는 중심이 아닌 변두리에서 시작된다는 말이 있다. 실제 강물이 어는 것도 가장자리에서부터다. 조국의 산하에 봄기운이 몰려오는 것도 도시 중심이 아닌 저 바닷가 외딴 섬에서부터다. 가을도 먼 산에서부터 내려오지 않던가.

세상이 보기엔 변두리에서 소망 없이 살아가는 사람들을 하나님은 달리 보시는 것 같다. 그들이야말로 세상을 변화시킬, 하나님 나라 건설에 기둥이 될 사람들, 한 길 가는 제자들이다.

내게 주어진 이 목회와 선교의 길을 생각해본다. 주님이 특별히 다른 길, 다른 곳으로 나를 부르시지 않는다면 남은 인생 끝까지 이 길을 걸어가고 싶다. 그러다 보면 뜻하지 않게 해외 목회와 선교에서 자그마한 열매가 선물처럼 주어지지 않을까.

어쩌면 내 기대와 달리 그 열매가 너무 초라할 수 있을지 모른다. 아니, 열매 하나 없이 비참하고 가난한 말년이 될지도 모르겠다. 그래도 이 길을 갈 수 있을까? 무엇을 바라보고 이 길을 갈 수 있을까? 주님의 부르심, 딱 그것 하나 때문이다. 그 길에서 불의의 사고를 당한다 하더라도, 끝이 비참하다 하더라도 주님이 부르신 그 길을 끝까지 갔다는 그 이유 하나로 나는 만족할 수 있고, 감사할 수 있다면 그것으로 족하다. 다른 건 필요없다.

어쩌다 내가 이 길에 들어서게 되었을까? 주님은 어쩌자고 나 같은 자를 프랑스 목회와 선교 사역에로 부르셨을까? 다 이해할 수는 없지만 생각할수록 특혜요 은혜다. 아직도 가야 할 길이 저만치 많이 남아 있지만 문득문득 걸어온 길을 돌아보고 가야 할 길을 바라다보면 어디에선가 소망이 샘솟는다. 평생 한 길 가는 순례자의 삶을 살다가 주님을 만나고 싶다는 소망이.

# 은혜의 동그라미
# 기적을 만들자

우리 교인들은 동그라미 기적에 대해서 잘 안다. 내가 설교 중에 자주 "동그라미 기적이 일어날 것입니다"라고 강조하기 때문이다. 처음 듣는 사람들은 성 목사가 동그라미를 좋아한다고 생각한다. 여기서 동그라미는 돈을 의미한다는 생각을 하면서 말이다. 그러다 보면 자칫 신앙으로 돈을 추구하는 기복신앙을 가르치는 목사가 되고 만다. 심지어 파리까지 와서 이런 설교를 들어야 하는가라고 생각하면서 예배 중에 일어나 나가는 이도 있다. 그래서 나는 자주 동그라미의 의미를 설명해 주곤 한다.

동그라미 기적이라는 것은 돈을 버는 기적을 의미하는 것이 아니라 은혜의 기적을 말하는 것이다. 사람은 누구나 태어날 때부터 재능과 능력을 물려받았다. 그것을 활용해 최선의 삶을 살면 그에 따른 결과를 얻을 수 있다. 이것은 보편 법칙이다. 누구에게나 해당된다. 교회를 다니고 기도한다고 해서 노력하지 않고 성공하는 법은 없다. 신앙 없이 산다고 해서 노력하는데도 불구하고 망하는 법도 없다. 누구나 심은 대로 거두는 법칙 아래서 살아간다. 하지만 사람의 노력과 그 결과에는 한계가 있다.

열심히 노력해서 1에서 2로 결과를 업그레이드 할 수 있다. 더 열심히 해서 5로 결과를 높일 수 있고, 최선을 다해서 7의 결과를 얻고, 죽을 힘을 다해서 9까지 자신을 업그레이드 할 수도 있다. 그러나 사람은 9라는 한계를 넘어서지 못한다. 하나님은 그 숫자 뒤에 동그라미를 붙여 주시는 분이다. 1에 동그라미를 붙이면 10이 되고, 3에 동그라미를 붙이면 30이 되고, 여기에 동그라미를 하나 더 붙이면 300이 된다. 하나님의 계산 방법은 30배, 60배, 100배다. 기하급수의 축복이다. 기본을 30으로 시작한다. 물론 아무 노력도 하지 않는 사람에겐 동그라미 1000개를 붙여도 제로일 뿐이다. 사람은 최선을 다하고, 그 뒤에 동그라미는 하나님이 붙여 주시는 것이다. 이 동그라미를 다른 말로 은혜라고 할 수 있다. 그래서 동그라미 기적은 은혜의 기적인 것이다.

구약의 이삭은 한 해에 백 배의 소출을 얻었다. 동그라미의 기적이다. 하나님의 은혜가 임한 것이다. 동그라미, 이것은 내가 개발한 용어가 아니다. 어느 해 여름 두바이한인교회 신철범 목사님이 프랑스에 오셔서 나와 함께 지방 여행을 하면서 대화를 나누던 중 배운 개념을 내 나름대로 정리하여 교회에 적용한 것이다. 놀라운 것은 동그라미 기적, 은혜의 기적에 대해 나누고 기도한 이후로 놀라운 동그라미 기적들이 교회와 성도들의 삶에 나타나기 시작했다는 사실이다.

몇 가지 예를 들어보겠다. 우리 교회는 20, 30대가 70%를 넘는 젊은 교회다. 그 중 대부분은 유학생들이다. 선교센터를 마련하거나 다양한 프로젝트를 기획하고 진행하기에는 재정적으로 힘든 구조를 가지고 있다. 하지만 비전을 품고 기도하며 재정을 조금씩 모으기 시작했다. 그러던 어느 날 파리지역 총회장인 카즈노브 목사를 만나 식사를 하던 중 우연히 내가 던진 말이 동그라미 기적을 낳았다. "혹시 우리가 선교센터로 사용할 수 있는 건물이 없을까요?" 그 말을 들은 카즈노브 목사는 즉시 그런 건물이 있다고 하면서 그 다음 주간에 그 건물을 소유한 프랑스 교회 임원들과의 만남을 주선해 주었다. 결국 우리는 그 건물을 수리하는 조건으로 무상 임대를 받게 되었다. 우리의 작은 수고에 주님께서 동그라미를 붙여 주신 것이다. 이런 기적은 계속해서 일어났다. 오르쥬 지역에 있는 건물을 또 이런 식으로 얻어서 선교관으로 사용하게 된 것이다.

동그라미 기적은 성도들의 삶에서도 일어났다. 한 자매는 평범한 미술가였다. 그녀의 소원은 우리 교회에서 자신이 가장 십일조를 많이 내고 싶다는 것이었다. 미술을 그려서는 여간해서 이루기 어려운 소원이라고 나는 생각하고 있었지만 그 순수한 마음이 기특했고 하나님께서 그 마음을 받으시기를 기도했다. 그런데 하나님은 그녀의 기도를 들으시고 그녀의 작품에 동그라미의 기적을 베풀어 주셨다.

지난 수년간 그녀는 평범한 작가에서 세계적인 작가로 올라섰다. 작품을 만들기가 무섭게 판매된다. 많은 사람들이 그녀의 작품을 선호하고 소장하고 싶어 한다. 그 작품은 적게는 3백만 원에서 보통은 수천만 원을 넘어 억대에까지 팔린다. 그렇게 그녀의 간절한 기도가 이루어졌다. 돈을 말하려는 것이 아니다. 예술가의 순수한 마음을 받으시고 베풀어 주시는 하나님의 동그라미 기적을 말하고 싶은 것이다.

사실 크리스천은 은혜의 기적으로 살아가는 사람들 아닌가. 각자가 최선을 다하고 죽도록 충성한다고 한들 그 가치와 크기가 전세계, 우주를 만드신 하나님의 만족에 견준다면 얼마나 되겠는가? 새 발의 피보다 못한 정도일 것이다. 그러나 하나님께서는 그것을 귀하게 여기시고 그 뒤에 은혜의 동그라미를 붙여 주신다. 은혜의 동그라미는 부모가 자식에게 붙여 주시는 어버이의 은혜 같은 것이다. 자식이 하는 시늉만 보여도 부모는 그것을 귀하게 보고 풍성한 사랑을 쏟아 붓는다. 그 은혜로 지금의 내가 있고 우리가 살아가듯이, 성도는 우리의 수고 뒤에 어김없이 붙여 주시는 하나님의 은혜의 동그라미 덕에 살아가는 존재들인 것이다.

# 기다림으로 길을 열자

프랑스에서 20년 넘게 살며 목회하며 가장 크게 배운 것은 기다림과 여유라는 것이다. 하나님의 일은 반드시 믿음으로 기다려야 한다는 것이고, 또한 그 기다림은 내가 설정한 시간이 아니라 하나님이 설정하신 때까지 계속되어야 한다는 것이다. 여유는 그냥 마음을 너그럽게 갖는다고 생기는 게 아니라 끊임없이 하나님을 신뢰함으로 갖게 된다는 것이다. 파리는 그런 기다림과 여유를 가르쳐 준 곳이다.

한때 파리에서 살았던 헤밍웨이는 친구에게 보내는 편지에서 이렇게 썼다고 한다. "만약 자네가 젊은 시절 파리에서 살아보게 될 행운을 충분히 가졌다면, 파리는 이동하는 축제처럼 자네의 남은 일생 동안 자네가 어디를 가든 늘 자네와 함께 머무를 것이네."

이런 낭만과 예술의 도시 파리에서 멋지게 사역해 보겠다는 부푼 꿈과 설레는 마음으로 나는 이곳에 도착해서 이국생활을 시작했다. 그런데 시차가 극복되면서부터 그 꿈은 산산이 깨지기 시작했다.

역사와 예술이 어우러진 멋진 도시 파리를 보면서 걷다 보면 어김없이 발밑에 물컹하고 밟히는 것이 있다. 개똥이었다. 파리는 어디를 가나 개똥밭이었다. 잘 가꾸어진 잔디밭은 개똥이 매설된 지뢰밭이었다. 개똥을 밟지 않기 위해서 땅만 집중해서 걷다 보니 주위를 감상하며 걸을 여유는 일찌감치 팽개쳐 버렸다. 낭만은 무슨 낭만. 온통 개똥 스트레스뿐인 것을.

체류증을 발급받으러 경시청엘 갔다. 새벽부터 줄을 서 있다가 겨우 번호표를 받아 창구에 갔지만 이런저런 이유를 붙이더니 돌려보낸다. 이렇게 몇 번 경시청을 들락거리며 겨우 체류증을 발급받으면 금세 재발급 시기가 돌아온다. 그렇게 17년을 보낸 끝에 드디어 10년 장기체류증을 받을 수 있었다. 17년 만에 겨우 안정적인 장기체류증을 받아 들고 마치 대학합격증을 받은 것처럼이나 기뻐했다. 참으로 오랜 기다림의 결실이었다.

유럽 사회가 대부분 그렇지만 특히 프랑스라는 나라는 변화가 거의 없다. 20년 전에 있던 말뚝이 지금도 그 자리에 그대로 있다. 아마 100년이 지나도 그곳에 그대로 있을 것이 충분히 예견된다. 프랑스에서는 모든 것이 느리다. 오직 벌금과 세금 청구서만이 빨리 날아온다. 이런 사회에서 뭔가 변화를 시도한다는 것은 무모하기까지 하다. 차라리 그 분위기, 그 문화에 순응하는 편이 훨씬 속편하다.

이런 환경에서 나는 교회 개척과 한불선교협정, 유럽·아프리카 불어권 선교에 대한 비전을 가지고 사역을 시작했다. 생각했던 것보다 훨씬 오래 걸렸다. 프랑스 생활 7년 만에 이루어진 교회 개척은 11년이 지나서야 겨우 기반을 갖추게 되었다. 한불선교협정은 시도한 지 17년 만에야 겨우 이루어졌으며, 유럽과 불어권 선교는 이제 첫발을 내딛고 있는 상태다.

생각하면 속이 터진다. 다른 지역에서라면 몇 번의 안식년을 보냈을 것이고, 사역의 꽃도 활짝 피었을 기간인데, 나는 아직 안식년이나 안식월 한번 보내지 못했다. 그저 사역 준비와 기초 닦는 데 19년이 걸린 셈이다. 그러면서 배운 것이 바로 기다림과 여유다. 이것 배우느라고 19년을 투자한 것이다.

목회는 사람을 변화시키는 것이다. 어쩌면 기다림과 여유보다 더 오래 걸리는 것 같다. 변화된 줄 알았는데 어느 날 보면 다시 제자리로 돌아가 있는 경우가 한두 번이 아니다. 그때마다 마음이 내려앉는다. 그래도 5년, 10년 기다림을 더해 가다 보니 가랑비에 속옷 젖듯 조금씩 조금씩 변화되고 자라는 것을 볼 수 있다. 10년 세월에 교우들이 철이 드는 것이다. 교우만 철 드는 것이 아니다. 목회자인 나도 그 세월 동안 철이 들었다.

지금 와서 생각하면 '그때 왜 그렇게 했을까?'라며 후회막급한 일들이 너무나 많다. 그때는 그러지 못했는데 이제는 교인들 얼굴을 마주대하고만 있어도 마음이 통할 정도가 되었으니 말이다.

이제는 개똥 스트레스도 어디론가 사라져 버렸다. 땅을 보지 않고도 자연스럽게 개똥을 피해갈 수 있는 선수가 되었다. 어쩌다 개똥을 밟아도 왼쪽 발로 밟았는지 오른쪽 발로 밟았는지를 살피면서 '왼쪽으로 밟았으니 오늘은 행운이 찾아오겠구나!' 하고 너스레를 떨 정도다. 그만큼 여유가 생긴 것이다. 관공서와 기타 일들을 위해서 하염없이 기다리면서도 불평 한 마디 하지 않는다. 오히려 그 긴 기다림의 시간 동안 묵상과 독서를 즐길 만큼 여유를 지녔다. 그러다 보니 어떤 일이 지체되어 하염없이 기다리면서도 '때가 되면 반드시 이루어진다'는 기다림의 미학도 터득하게 되었다.

선교사로서 20여 년, 디아스포라 한인교회 목회자로서 10여 년을 돌아보면서 나는 '내가 선교하고 교인들을 목회한 것이 아니라 주님께서 선교와 교회를 통해서 나를 목회하고 만들어가셨다'는 역설을 깨닫는다. 주님의 은혜와 교우들이 있었기에 오늘의 내가 있는 것이다. 이 모든 과정을 통해서 주님은 철부지 같은 나에게 기다림의 여유라는 놀라운 선물을 주셨다.

그리고 깨달음을 주셨다.

모든 기다림 끝에 결국 길이 열린다는 깨달음을.

# 죽음을 배우자

어느 시대 어느 교회에서나 통용되는 진리가 있다. 주님의 교회는 이름없는 성도들의 섬김과 희생으로 유지되고 자라간다는 것. 선한장로교회의 오늘이 있기까지 여러 교우들의 얼굴이 떠오른다. 그 중 한 분이 박애자 권사님이시다. 권사님은 늘 그 자리를 지키며 어머니처럼 교우들을 품어주셨다.

그 박 권사님을 천국으로 환송하면서 많은 생각이 들었다. 한 성도의 이 땅에서의 삶, 그 희생은 결코 헛된 것이 아니다. 그것은 곧 하늘나라와 연결되는 것이고, 이 땅에 남아 있는 성도들에도 영향을 끼쳐 이어지고 계승되어 간다.

무엇보다 박 권사님을 통해 선한장로교회 온 교우가 한 가족임을 확연히 알 수 있었다. 박 권사님은 이 땅을 떠나기 1년 전부터 암 투

병을 시작하셨다. 본인에게나 교우들에게나 적잖은 충격이었지만 그 1년의 시간은 서로가 주님 안에 한 가족임을 확인하고 더 가까워지는 계기가 되었다.

암 발병 때부터 시작해 마지막 순간까지 1년간을 우리 교우들은 한결같은 마음과 정성으로 박 권사님을 돌보고 섬겨드렸다. 그 과정에서 아프지 않았다면, 환우가 없었다면 몰랐을 참된 연합, 공동체, 가족의 의미를 되새기고 경험할 수 있었다. 불평 없이 자원하는 마음으로 섬겨 준 모든 교우들에게 그저 고마울 따름이다. 박 권사님과 교우들을 보며 목회자인 나도 참된 교회의 의미와 이 땅에서 성도로 살아가는 삶의 소중함을 깊이 되새길 수 있었다.

더군다나 삶과 죽음이 천국과 지옥처럼 멀리 있는 게 아니라 동전의 앞뒷면처럼 가까이, 아니 붙어 있음을 알았다. 죽음은 내 주위에, 내 가까이에 널려 있다. 그러나 우리는 그런 현실을 실감하지 못한 채 일상을 살아간다. 어쩌면 죽음을 향해서는 눈과 귀를 애써 닫고 있는지도 모르겠다. 그것은 불행한 일이고 슬픈 일이라고 단정 짓기 때문이다. 사랑하는 가족, 가까운 지인의 죽음 앞에서 비로소 죽음은 잠깐이나마 현실이 되고 나의 것이 된다.

왜 성경은 잔칫집에 가는 것보다 초상집에 가는 게 더 지혜롭다고 했는지를 알 수 있을 것 같다. 죽음이 멀리 있거나 남의 것이 아니라 바로 지척에 있고, '나도 죽는다'고 인식하며 사는 사람은 지혜로운 사람이다. 그런 사람의 삶의 자세, 하루하루의 삶은 진실하고 묵직하다. 한 순간도 허투루 살지 않는다. 오직 하나의 분명한 목표, 하나님 나라를 향해 뚜벅뚜벅 걸어가는 것이다.

사노라면, 목회 하노라면, 사업하며 직장생활 하노라면 이런저런 일로 마음 상하는 일이 얼마나 많던가. 괜한 오해에 휩싸이고 배신당하며 속이 뒤집힐 때가 얼마나 비일비재 하던가. 어떨 때는 마치 '방귀 뀐 놈'이 성내면서 그 냄새의 원인을 다른 사람에게 뒤집어씌우며 큰 소리 치는 것을 볼 때도 있다. 그럴 때는 목회자지만 열이 받는다. 목사 명찰 떼고 한판 붙자고 말하고 싶은 마음이 목까지 치밀어 오른다. 그러다가도 죽음과 삶의 현실을 생각하면, 결국 그 사람도 죽고 나도 죽는다고 생각하면, 따지고 캐묻고 하는 일들이 다 부질없어만 보인다. 결국 화가 치밀었던 마음은 어느새 여유로 가라앉고, 삶 너머 현실 너머의 것들을 생각하며 관조하게 된다.

한국의 화장실에 흔하게 있는 표현, 즉 '떠난 자리가 아름다운 사람이 되자'는 화장실에서만 통하는 문구가 아닌 것 같다. 인생에도 그대로 통하는 참 귀한 문구라고 생각한다. 떠난 자리가 아름다운 인생, 떠난 자리에 향기가 남는 인생, 떠난 자리가 정갈하고 깨끗한 인생, 그런 인생이라면 천국에 가서도 부끄럼 없는 인생이지 않을까. 이런저런 업적을 이루고, 이런저런 일들을 많이 해서 이리 얽히고 저리 설키는 복잡한 인생보다는 한 가지라도 제대로 마무리하는 인생을 살아야겠다고 다짐해본다. 하지만 죽음 앞에서 비로소 그 가치가 드러나는 게 한 사람의 인생인 것 같다.

목회자로서 나는 어떻게 살고 있는가. 하나님이 불러주신 그 자리, 그 길을 굳건히 지키고 있는가. 오늘에라도 하나님이 부르신다면 부끄러움 없이 그 앞에 설 자신이 있는가.

이런 질문들을 스스로에게 던져보며 더욱 옷깃을 여민다. 하고 싶고 이루고 싶은 게 많지만 죽음의 안경을 쓰고 보면 가치가 곤두박질치는 일들이 얼마나 많은가. 반면에 하찮게 보이고 단순하고 지루해 보이는 일이지만 죽음의 안경으로는 얼마나 가치있고 무게 있는 일들이 많은가.

목회자는 직업적으로 하나님 앞에서 살아가는 사람이다. 또한 사람들을 하나님께 인도하는 사람이다. 그밖의 많은 일들, 만남들은 곁가지에 불과하다. 앞으로 이 본질을 꼭 붙잡고 가련다.

이것 하나만 붙잡고 평생을 달려가도 모자라는 시간, 나는 그동안 얼마나 곁가지를 붙드느라 소중한 시간을 허비했나. 한 사람의 경건한 죽음 앞에서 나를 돌아본다. 죽음과 삶이 한끝 차이임을 배운다.

독일 헤른후트의 진젠도르프 묘

# 우리 교회를 소개합니다

우리 교회에 처음 나오는 사람은 시각과 청각을 총동원해 정탐을 하곤 한다. 그게 눈에 보인다. '이 교회가 어떤 교회인가?' '이 교회의 분위기는 어떤가?' '내가 정착하여 다닐 교회인가?'를 진지하게 생각하는 것이다. 그리고 마침내 결정한다. 이렇게 매년 교회에 등록하는 사람들이 200여 명이다. 그냥 여행자로 잠깐 다녀가는 사람들은 300명이 넘는다.

우리 교회 예배당은 두 말 할 것도 없이 아름답다. 이 건물은 1865년에 건축되었다. 나폴레옹3세 시절, 파리의 시장이었던 오스만 남작은 비좁고 허름했던 중세 도시 파리를 세계에서 가장 아름다운 현대 도시로 변신시켜 놓았다. 그 시기에 오스만 남작에 의해서 건축된 건축물이 바로 지금의 우리 교회이다. 이 건물은 개신교 예배당답게 그 단순하면서도 우아한 자태를 보여 준다. 중간에 떠받치는 기둥 하나 없이 높이 솟은 천장은 장관 그 자체다. 천장 중앙의 스테인드 글라스를 통해서 들어오는 빛은 예배당을 포근하게 감싼다.

1685년 10월 18일 루이14세가 퐁텐블로 성에서 낭트칙령을 폐지하는 칙령을 발표하면서 프랑스 땅에 있는 모든 개신교 건물들이 헐리거나 불타게 되었다. 그러다가 프랑스 대혁명 이후에 프랑스 정부가 프랑스 개신교회를 공인하면서 국가가 직접 건축한 최초의 건물이 바로 우리 교회 건물이다. 여기서 국가가 공인한 프랑스 개신교 1차 총회가 개최되었다. 이 건물을 건축한 오스만 남작은 개신교도였다고 한다. 매 주일마다 이토록 웅장하고 아름다운 예배당에서 예배를 드린다는 것은 큰 축복이 아닐 수 없다. 여행 중에 다녀가는 이들도 우리 예배당의 매력에 흠뻑 젖어서 돌아간다.

더 놀라운 것은 이 예배당을 가득 채우는 찬양 소리다. 우리 교회 기드온 찬양대원의 3분의 2가 성악가들이고, 앙상블도 전원이 전공자들로 구성됐다. 이들이 매 주일 들려주는 찬양을 듣고 있노라면 마치 천상에서 천사들의 소리를 듣고 있는 착각에 빠지곤 한다. 한국에서는 각 교회 솔리스트로 활동하던 이들이 여기서는 단순한 찬양대원으로 섬기고 있다. 그들은 대가를 바라지 않고 자신들의 재능을 그저 드린다. 그래서인지 한번이라도 기드온 찬양대의 찬양을 듣고 예배를 드린 분들은 찬양을 통해서 받은 감동과 은혜를 어김없이 여기저기 이야기하곤 한다. 설교에 은혜를 받았다는 말은 하지 않아도 찬양에 감동받았다는 말은 꼭 하고 간다. 찬양에 감동을 받아서 정착했다는 이들도 꽤 된다.

이 건물을 건축한 이래 매 주일 이토록 아름다운 찬양이 울려 퍼진 적이 있었을까? 오스만 남작은 언젠가 이 예배당에 이런 순간이 오리라고 생각했을까? 예배당을 가득 채운 성도들, 예배당을 휘감고 울려 퍼지는 찬양, 파리 중심가에 이런 기적이 일어나리라고 그는 생각했을까?

기드온 찬양대가 처음 만들어진 것은 개선문 근처에 있는 영국 성공회 예배당을 빌려 사용할 때였다. 4명의 대원이 주일 찬양을 준비하고 연습했는데 주일이면 이런저런 이유로 한두 명이 빠지고 나면 두세 명이 겨우 찬양을 드렸다. 어느 날은 반주자와 지휘자만 남기도 했다. 인원이 적으니 부담스러워서 그만두고, 마음 상해 그만두고, 자기 스타일에 안 맞는다고 그만두는 게 다반사였다. 그러다가 김철수 지휘자가 맡아 2년간 지휘하면서 찬양대가 틀을 갖추게 되었다. 당시에는 전공자들이 거의 없는 상태였으나 기드온 찬양대는 무모할 정도로 대곡을 선택했고 그것을 훌륭하게 소화해 내곤 했다. 그후 이태림, 윤성언, 최종윤 지휘자가 맡았고 지금은 이승민 지휘자가 오랜 기간 지휘하고 있다. 그러는 가운데 성악가들이 대거 참여하면서 찬양대의 음악 수준이 지금과 같이 된 것이다.

이승민 지휘자는 참 귀한 사람이다. 그는 덕과 '아재 유머'로 사람들에게 웃음까지 선사하고 있다. 그는 주일에 찬양할 곡을 일주일 내내 듣고 읽고 묵상한다고 한다. 찬양에 특별한 감동과 은혜가 있는 이유가 다 있었던 것이다. 그는 어려운 시간들을 포기하지 않고 작은 걸음부터 성실하고 꾸준하게 걸어왔고 무슨 일이든지 건성으로 하지 않고 정성을 다했다. 그러다 보니 지금과 같은 아름답고 풍성한 찬양의 열매를 거두고 있는 것이다.

중국의 순자가 한 말이 생각난다. "반걸음을 못 가면 천리에 이를 수 없고, 작은 물줄기가 쌓이지 않으면 강과 바다에 이를 수 없다. 준마도 한 번의 도약으로 10보를 갈 수 없고 둔한 말도 10마리가 끌면 성과가 난다. 어설프게 도끼질 하면 썩은 나무도 자르지 못하고 정성이 지극하면 돌 위에도 꽃이 핀다."

몇 사람의 어설픈 찬양이 어느덧 숱한 사람들의 마음을 사로잡는 대곡이 되었다. 지휘자와 찬양대원의 지극한 정성을 통해서 이 메마른 파리 땅에 복음의 꽃이 만발하는 걸 내다본다.

# 나룻배 목회와 정자나무 교회

프랑스는 이민국가가 아니어서 그런지 교민이 많지 않다. 교민이 되어 정착할 기회를 얻은 이들조차도 언젠가는 고국으로 돌아가야 한다고 생각하는 이들이 많다. 나머지 한국인들은 주로 유학생, 상사 주재원, 외교관, 여행자들이다. 이들은 잠시 머물렀다 돌아가는 그야말로 나그네들이다. 최근에는 이들이 프랑스에 머무는 시간이 점점 짧아지고 있다.

이런 상황이기에 한인 교회들은 늘 새로운 사람을 맞이하고 그들과 정들면 떠나보내는 일을 반복하며 지쳐간다. 어떤 이들은 보내는 아픔 때문에 처음부터 마음을 주지 않으려고도 한다. 목회도 장기계획을 세우기 어렵다. 그렇다고 새 신자 목회만 할 수도 없다. 오래 지내는 교우들을 지루하게 만들기 때문이다. 열심히 섬기던 교우들이 종종 "저희 교회 목사님은요"라고 해서 자세히 들어보면 한국에서 다니던 교회와 그 교회 목사님을 지칭하는 경우가 많다. 그럴 때면 왠지 마음이 씁쓸해지고 목회 의욕도 상실된다. 나그네로 잠시 왔다는 생각을 하는 교우들은 잠시 머물다갈 교회를 위해서 깊이 헌신하려 들지 않는다.

이런 환경에서 어떤 목회를 해야 할까? 나는 '나룻배 목회'를 생각했다. 나룻배는 우리 교회이고 손님은 교우이며 사공은 목회자다. 손님들은 자유롭게 배를 타고 목적지에 도착하면 미련 없이 배에서 내려 자기의 길을 간다. 그렇다고 사공은 마음 상해 하지 않는다. 그것이 당연한 사공의 일이기 때문이다. 다만 그들이 배에 타고 있는 잠시의 시간만큼은 사공의 영역이다. 교우들이 자유롭게 교회에 왔다가 정해진 때가 되면 미련 없이 자기의 길을 떠나가는 것은 그들의 일이다. 그럴지라도 우리 교회에 있는 동안은 목회자인 나의 영역인 것이다. 목회자는 때가 되어 떠나가는 교인들에게 미련을 갖지 말고 그저 주어진 시간, 주어진 교우들에게 최선을 다하면 된다. 그리고 때가 되면 축복하며 보낸다. 그들은 떠나는 것이 아니라 파송되는 것이다. 이렇게 생각을 바꾸니 마음이 편안해진다. 보람도 있어진다. 우리 교회는 나룻배 교회이고 나의 목회는 나룻배 목회이다.

우리 교회는 또한 이야기꽃이 피어나는 '정자나무 교회'이다. 내가 태어나고 자란 고향은 뒤에는 산이 있고 앞에는 넓은 들판이 펼쳐진 시골마을이었다. 그 동네 앞에는 500년이 넘은 정자나무가 있었다. 그곳은 동네 어른들과 아이들, 마을 앞을 지나가는 사람들의 공동 쉼터였다. 누구든지 앉아 쉬면서 이런저런 이야기를 주고받을 수 있고, 힘이 나거나 볼 일이 있으면 언제든 그곳을 떠나 자신만의 목적지로 향할 수 있는 중간 휴식처였다.

그 정자나무 아래에 가면 늘 사람 사는 이야기, 정겨움이 넘쳐났다. 세상 돌아가는 이야기로부터 아낙네들의 입담과 아이들의 조잘거림이 가득했다. 나무 그늘 아래 잠시 누워 휴식을 취하는 이들도 있었다. 내 마음 한켠에는 어린 시절을 보냈던 그 정자나무의 추억이 자리 잡고 있다. 눈을 감으면 지금도 그 장면들이 그림처럼 펼쳐진다.

그 시절을 추억하면서 파리 선한장로교회의 이미지를 '이야기가 있는 정자나무 교회'로 정했다. 정자나무는 우리를 위해 주님이 달려 돌아가신 십자가 나무다. 그 아래 모인 교우들은 하나님 나라 이야기, 복음 이야기, 하나님 만난 이야기, 인생의 희로애락 이야기, 세상 살아가는 이야기들을 조잘조잘 주고받는다. 십자가 나무는 막힘이 없다. 누구나 들어올 수 있고, 언제든지 자기 길을 가기 위해서 떠날 수 있다. 가끔 올 수도 있고 매일 출근하듯이 올 수도 있다. 그 아래서 하늘과 땅이 소통하고, 사람과 사람이 소통하며, 세상과 교회가 소통한다. 그곳에 오면 구원을 경험하고, 치유와 회복을 경험한다. 삶을 나눈다. 그러다가 때가 되면 각자가 받은 대로 사명의 길을 떠나면 되는 것이다.

이런 목회관과 교회관은 나로 하여금 디아스포라 한인교회 목회자들이 경험하게 되는 고민과 아픔을 극복하게 만들었고, 주어진 현실을 받아들이고 '지금 여기서' 기쁨으로 최선을 다할 수 있는 힘을 주었다.

그러다 보니 가끔 정착하는 교우들도 생긴다. 프랑스인들과 국제 결혼한 가정도 몇 곳 있고, 어느 때부턴가 프랑스 현지인들도 교인이 되어 주고 있다. 주님이 우리 교회에 주시는 격려의 선물이라고 믿고 있다.

내 마음속에 조금씩 행복과 보람이 깃드니 교회 분위기도 즐겁고, 교인들도 덩달아 기쁨과 평안을 누린다. 주일 예배를 통해 하나님 나라의 감격을 맛본 교우들은 예배 후 삼삼오오 모여 이야기꽃을 피운다. 프랑스 교회를 빌려 사용하다 보니 공간 사용의 한계가 있긴 있지만 그것이 문제가 되진 않는다. 때론 길에 서서 이야기하고 카페로 몰려가서 이야기하면 되니까. 예배 후 이야기꽃이 어느 정도인가 하면 "이제 집에 가야지"라고 말해 놓고 곧바로 집에 가는 교우들이 거의 없을 정도다. 그렇게 말해놓고 보통 1시간을 더 이야기한다. 이들의 이야기 속에서 하나님 나라가 무럭무럭 자라는 것을 본다.

# 내가 꿈꾸는
# 행복한 목회

파리에서 개척을 하고 2년이 지났을 때다. 잠시 귀국해서 K선배 목사님을 뵈었을 때 "성 목사, 목회는 초기 1년보다 3년, 5년이 더 힘든 법이야"라고 말씀해 주셨다. 아니나 다를까. 3년째가 되었을 때 심각한 위기가 찾아왔다. 신실하게 섬기던 이들은 하나둘씩 귀국했고, 교회에서 새롭게 신앙생활을 시작한 분들은 훈련이 안되어 있다 보니 우왕좌왕했다. 과거 교회와 목회자들에 대한 불신과 상처가 있었던 이들은 내면의 상처를 목회자에게 표출하기 시작했고, 심지어 당을 짓는 일까지 생겼다. 그 중 몇 명은 우리 교회를 떠나 다른 교회로 옮겨가기도 했다. 뜨거운 밀애의 시간이 끝나고 권태와 갈등의 시간이 찾아온 것이다. 나에겐 감당하기 버거운 총제적인 위기의 순간이었다.

'이것이 유럽 디아스포라 한인교회 목회의 한계인가?' '그토록 은혜 받고 울고불고 하더니 결국 도루묵인가?' '선교는 시작도 해보기 전에 이렇게 끝나는 것인가?' '소중한 시간과 에너지를 이렇게 소모하려고 교회를 개척했단 말인가?' 실망, 우울, 분노, 절망의 감정이 엄습했다. 밤잠을 설치는 시간이 반복되었다. 과거 내 속에 치유되지 않고 남아 있던 아픔과 상처가 드러나면서 나는 분노 덩어리가 되어 버렸다. 그 결과 심장과 혈관에 문제가 발생하고 말았다.

목회를 지속할 자신감과 의욕을 상실하고 어딘가로 떠나고 싶었다. 그러면서 사람의 마음속을 알고 싶었다. 그 마음을 열어 그 속을 들여다보고 살펴보고 싶었다. '사람이 무엇이기에, 사람 속에 무엇이 있기에 이렇게 변화되지 않는 것일까? 왜 목사인 나는 이런 일로 실망하고 화를 내는 것일까?'

그런 가운데 부흥회를 열었다. 강사는 다일공동체 최일도 목사님. 그의 메시지를 통해서 주님은 나와 우리 교회에 새로운 비전과 회복의 길을 열어 주셨다. 그 해 여름, 나는 한국에 들어가 다일영성생활수련회 1, 2단계에 참여했다. 비로소 아픔과 상처와 화 덩어리인 나의 내면의 문제를 들여다볼 수 있었다. 그러면서 치유와 회복을 경험하기 시작했다. 하나님이 주신 아름다운 세상, 아름다운 인생을 찾아 누리는 기쁨을 회복할 수 있었다.

나의 강력한 요청으로 그 다음해부터 유럽에서 다일영성생활수련회가 시작되었다. 이 수련회는 지금도 매년 파리에서 열리고 있다. 우리 교우들도 대부분 수련회에 참여하면서 변화되었다. 고된 타국생활과 지친 유학생활, 거기다 과거의 아픔과 상처가 더해지면서 교우들의 성품이 자기도 모르게 길가, 자갈밭, 가시덤불이 가득한 밭으로 바뀌어 버렸다. 그 속에 하나님의 말씀이 들려지고 성령이 역사하시자 놀라운 변화들이 일어나기 시작했던 것이다.

예수님께서 말씀하신 씨와 밭의 비유가 얼마나 중요한지 인식하게 된 것도 이때부터다. 그때부터 씨가 되는 하나님의 말씀과 밭이 되는 사람의 마음을 동시에 배우고 연구하는 일에 집중하기 시작했다. 두 분야의 전문가들을 많이 만났다. 그 분들을 통해 그 동안 간과하며 지냈던 것들을 배우고, 교회 프로그램으로 정착시키고 있다. 그런 것이 계기가 되어 성령께서 하나님의 말씀을 통해서 교우들의 몸과 마음을 고치시고 회복시키는 일이 일상이 되고 있다.

나는 그동안 전통적인 장로교회의 말씀 중심 목회를 지향해 왔지만 이제부터는 디아스포라 한인교회의 목회상황에 맞게 치유목회로 방향을 바꾸었다. 신대원 졸업 논문을 기독교 치유에 관해서 쓴 것도 다 이런 때를 위함이 아닌가 생각됐다. 치유목회는 사람에 대해서 관심을 갖는 것이다. 그것은 예수님의 사역내용이기도 하다. 예수님은 늘 사람을 소중히 여기셨고, 사람을 위해 이 땅에 오셨고, 사람을 용서하시고 고치고 살리시는 일을 하셨다.

디아스포라 한인목회를 하다 보면 개성이 강한 다양한 사람들을 만난다. 특히 파리엔 그런 사람들이 많다. 그들과 부대끼면서 나는 매일 사람의 신비로움과 소중함을 배운다. 그러면서 주님의 사역 그 자체이기도 했던 희로애락을 교우들과 나누며 살아가는 것이 나의 목회가 되었다. 예수님은 큰 능력만 행하신 게 아니다. 어쩌면 그것은 사람들이 주목할 수밖에 없는 겉으로 드러난 것이었지만, 그 이면으론 제자들과 함께 밥을 먹고, 생활하고, 씨름하고, 고민하셨을 것이 틀림없다. 그러면서 제자들을 향한 사랑이 더 애틋해지셨을 것이다.

실패한 것 같은 경험, 그것을 헤쳐 나가는 과정을 통해서 나는 다시 행복한 목회자가 되었다. 목회자가 행복하니 교우들도 행복해지는 것 같다. 내가 여전히 형식에 얽매이고, 사람은 안중에도 없는 목회를 했더라면 교우들은 결코 행복을 경험하지 못했을 것이다. 무엇보다 그 전에 목회자인 나는 그야말로 직업으로서의 목사에 머물고 말았을 것이다.

규모는 작을지라도 내용은 행복한 목회를 나는 꿈꾼다. 세상의 눈으로 볼 때는 초라하고 볼품없을지라도 하나님의 눈에는 존귀하고 영광스러운 사역을 꿈꾼다. 허세가 빠진 진솔하고 담백한 목회자가 되고자 오늘도 기도한다. 목사와 선교사로서 20여 년을 보내고 이제야 철이 들어가고 있다는 증거일까.

# 바운더리가 넓은 넉넉한 목회

"성 목사님, 바운더리가 넓은 목회를 하세요 바운더리가 넓은 목회!"

몇 년 전에 우리 교회 부흥회 강사로 오셨던 대천중앙교회 최태순 목사님께서 내게 해 주셨던 목회 조언이다.

자칫 목회자는 교회 울타리 안만 생각하기 쉽다. 그것이 일차적인 목회 영역이지만 교회 울타리 밖의 양들도 생각해야 한다는 것이다. 지역이나 사회의 문제에 대해서도 늘 제사장이나 선지자적인 마인드로 품고 기도해야 한다는 것이다. 그뿐만 아니다. 교회 내에서 교인들을 대할 때도 넓은 아량을 갖는 게 꼭 필요하다는 것이다. 나도 늘 그런 생각을 하면서 사역해 오던 터라 그 말씀을 다시금 마음에 되새기는 기회가 되었다.

최근에 이런 저런 말을 들으면서 목회자로서 힘든 시간을 잠시 보냈다. 목회를 하다 보면 교인들을 통해, 또 교회를 잠깐 스쳐간 이들을 통해 평가를 들을 때가 있다. 새 가족으로 많이 등록했지만 정착하지 못하고 떠난 청년들도 있고, 귀국하는 이들 가운데는 잠시 우리 교회에서 신앙생활하면서 가졌던 자신들의 고민을 털어놓는 것이다. 내용인즉슨 우리 교회가 예배도 좋고 분위기도 좋은데 교회 젊은이들 가운데 음주와 흡연을 즐기는 이들이 있고, 가끔 이성교제가 선을 넘는 경향이 있는데 교회가 그런 것을 절제하기는커녕 도리어 용인하는 듯하다는 등의 내용이었다.

이러한 경향은 어느 교회에나 있을 수 있는 일이고, 또한 그런 말을 하는 이들은 소수에 불과하지만 그럼에도 불구하고 담임목사로서 그런 평가를 들으면 고민하지 않을 수 없었다. 그동안 우리 교회나 청년들에 대해서는 소문이 참 좋게 났었는데, 이게 무슨 일이란 말인가? 그렇다고 전도는 못할망정 제 발로 교회를 찾아온 사람을 내보낼 수는 없지 않은가? 내가 뭔가 목회를 잘못하고 있는 것은 아닌가? 내가 본을 보이지 못해서인가? 모든 일을 규모와 절제 있게 행하면 서로에게 좋을 텐데 왜 그렇게 하지 못하는 것일까? 그런 생각들을 하다 보니 나도 몰래 속이 상했다.

목회를 하다가 끝 모를 혼란과 기로에 설 때면 최후에 선택하는 방법이 있다. 바로 '예수님이라면 어떻게 하실까?'를 생각하는 것이다. 지금 내가 맞닥뜨린 상황에서 내가 아닌 예수님이라면 어떻게 하실까? 그 질문을 하다 보면 나 자신이나 상황은 잊어버리고 다시 본질로 돌아가게 된다. 그러면 상황은 자연스럽게 정리되고, 마음속 가득했던 불안과 혼돈은 어느새 안개 걷히 듯 되고 마는 것이다.

이 문제는 자연스럽게 이렇게 정리가 됐다. 피 끓는 젊은이들이 연애를 하는 것은 당연한 것이다. 그걸 금지하거나 막을 수는 없는 일이다. 다만 자신들의 미래와 교회의 덕을 세우는 것을 생각하면서 신중하고 진지하게 교제하도록 하는 것이다. 젊은이들의 음주와 흡연 문제도 그렇다. 그걸 정죄하다 보면 이 젊은이들은 교회에서 멀어질 수밖에 없다. 당장 끊을 수는 없겠지만 그걸 즐기면서라도 세상에서 방황하지 않고 교회에 나와 예배드리고 활동을 하니 참으로 감사한 일 아닌가. 다만 자신들의 건강과 비전, 그리고 교회 공동체의 덕을 위해서 점점 더 절제할 수 있도록 인도해야겠다.

"성 목사님, 바운더리가 넓은 목회를 하세요"라고 하신 선배 목사님의 조언을 다시 생각해 본다. 바운더리가 넓다는 것은 세상 사람들 말하는 '오지랖이 넓다'는 것과는 다를 것이다. 간음한 여인을 정죄하지 않고 용서하셨던 예수님, 문화적·민족적·종교적 이유로 상종조차 하지 않았던 사마리아에 가서, 그것도 과거가 복잡한 여인을 만나 대화하셨던 예수님, 죄인들과 어울리며 그들과 먹고 마셨던 예수님이 그렇게 하신 것은 죄인의 죄를 용납해서가 아닐 것이다. 그들과 함께, 그들 속에 있으면서 그들에게 하나님의 사랑을 알리고, 그들을 구원하기 위해서였던 것이다. 그것이 진정한 하나님의 사랑의 표현이었던 것이다.

나는 어떠한가. 내가 사람들의 소문 때문에 괴로워한 이유는 무엇인가. 교회의 이미지가 안 좋아지는 것도 조심해야겠지만 가장 조심해야 할 것은 교회의 양들, 교회의 청년들 한 사람이라도 구원에서 멀어지게 하는 것 아닌가.

사순절은 나 같은 죄인을 위해서 하늘 보좌를 버리시고 종의 모습으로 이 땅에 오셔서 죽임 당하기까지 고난을 받으신 주님의 생애와 말씀을 묵상하는 기간이다. 이 기간만이라도 마음의 옷깃을 여미고 사람들을 대하셨던 주님의 행동, 언어 하나하나를 제대로 묵상하고 싶다. 그 주님처럼 나도 사람들을 차별하거나 구분하지 않고 그렇게 대하고 말하고 행동하고 싶다.

사역의 바운더리뿐만 아니라 사람을 포용하는 바운더리까지도 넓은 넉넉한 목회를 해야겠다. 그 누구라도 정죄보다는 포용하고 이해하고 받아들일 수 있는 목회, 그러면서 그들의 삶이 점점 더 회복되고 좋아지도록 인도하는 멘토링 목회, 그것이 진정 주님이 원하시는 목회일 거라고 생각했다.

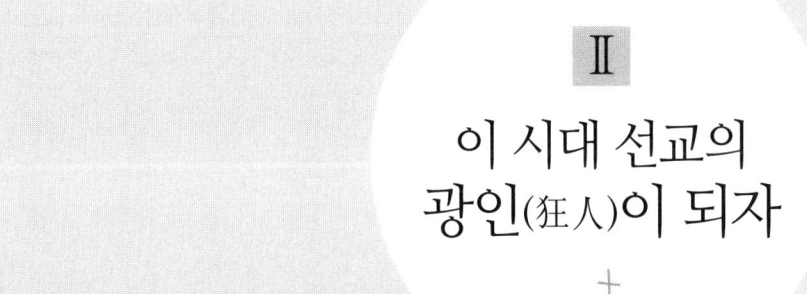

# II
# 이 시대 선교의 광인(狂人)이 되자

# 우리 모두
# 선교의 광인(狂人)이 되자

지중해의 작은 섬나라 몰타(Malta)에서 Global Mission Fellowship Meeting이 열렸다. 런던순복음교회 김용복 목사님, 두바이한인교회 신철범 목사님, 보나콤 강동진 목사님이 함께 했다. 다음 모임에는 한국의 뜻있는 목회자 몇 사람이 더 합류하기로 했다.

몰타가 우리한테 익숙한 이유는 사도 바울이 로마로 압송되던 중에 배가 파선하여 세 달간 머무른 멜리데 섬이 바로 몰타이기 때문이다.(사도행전 28장) 바울은 여기서 보블리오라는 지도자의 영접을 받았고, 그 지역의 병자들을 고쳐 주었다. 바울은 지금의 라바트(Rabat)라는 지역의 동굴에 머물면서 몰타와 고조 두 섬에 복음을 전파했다. 중세 때인 1530년부터 250년간 예루살렘에서 온 성지 순례자들과 성 요한 기사단이 십자군전쟁에 참전한 병사들의 부상을 치료해 주며 이곳에서 여러 건축물들을 세우기도 했다.

몰타는 우리나라 강화도보다 약간 더 큰 아주 작은 섬나라에 불과하다. 영어가 공용어다. 인구는 45만여 명. 중세 때 십자군의 영향으로 종교는 대부분 가톨릭이다. 소수 종교로는 이슬람이 만만치 않다. 몰타는 고대에는 카르타고, 로마 제국 등의 영향을 받았고, 중세 때는 스페인의 지배를 받았다. 18세기 후반에는 나폴레옹에 의해 프랑스의 지배를, 다시 19세기부터는 영국의 지배를 받다가 마침내 1964년에 독립을 이뤄냈다.

현재는 영국 연방에 속해 있으면서 유럽연합 소속 국가이기도 하다. 1989년 12월 미국의 부시 대통령과 소련의 고르바초프 대통령이 이 섬에서 회담을 통해 서로를 더 이상 적으로 간주하지 않는다고 선언한 것이 세계적인 냉전 종식의 신호탄이 됐다. 이는 몰타의 존재를 전세계에 알린 계기가 되기도 했다. 2007년엔 미국의 한 잡지에 의해 '세계에서 가장 살기 좋은 곳'으로 선정되기도 했을 만큼 자연환경이 수려하고 삶의 만족도가 높은 곳이다.

이런 아름답고 뜻깊은 섬나라 몰타에 우리가 모인 것은 친교와 선교를 위해서다. 서로의 마음을 나누고 교제하며 이 시대 우리를 통해서 이루고자 하시는 하나님의 선교 비전을 공유하는 시간을 가졌다. 그러면서 내 안에 퍼뜩 '아, 이분들은 선교와 교회, 주님의 나라를 위해서 거의 미친 사람들이구나' 라는 생각이 들었다. 나만 좀 덜 미친 것 같아서 송구할 정도였다.

이 땅 곳곳을 밟으면서 우리는 하나님 나라를 전파하고 곳곳에 교회를 세우며 선교의 광인(狂人)으로 살았던 사도 바울의 숨결을 느낄 수 있었다. 그리고 우리도 누가 먼저랄 게 없이 결심했다. 주님 재림하실 그 날이 가까운 이 마지막 시대에 하나님 나라 선교의 광인이 되어 살자고.

막연한 선교의 광인이 아니라 구체적으로 다짐했다. 우리가 주 안에서 형제와 같이 지내며 중동, 유럽, 아프리카에 있는 디아스포라 한인교회를 건강하게 세우는 일에 헌신하자고 말이다. 전세계에 서 있는 디아스포라 한인교회는 하나님의 계획이며 선교를 위한 하나님의 비전이며 포석이라는 것, 우리 디아스포라 한인교회들이 예배, 말씀, 선교로 똘똘 뭉친 건강한 교회가 되어 그 역할을 다할 때 유럽 재부흥과 아프리카와 중동의 복음화가 가속화될 것이라는 사실을 우리는 확신하고 있었다.

구체적인 계획도 세웠다. 앞으로 2년간 기도와 치밀한 준비를 통해 이 새로운 역사를 시작하자며, 우선 중동에 있는 디아스포라 한인교회들부터 서로 힘을 합쳐 돕고 섬기자는 것이었다. 말로 다 못할 고난을 당하는 중동의 한인교회들이 고난 속에서 더욱 믿음이 깊어지고, 그래서 그 불같은 고난을 견뎌 마침내 중동 복음화의 귀한 한 알의 열매가 되기를 기도했다.

이를 위해 우리 각 교회는 성령님의 선한 인도하심이 있기를 예배 때마다 기도하기로 했다. 나는 우리 파리선한교회 교우들이 이 일에 누구보다 앞장서기를 바랐다. 앞으로 철저한 연구와 기도, 준비를 거쳐 이 두렵고 떨리는 사역을 시작할 예정이다.

'죄인' 사도 바울을 싣고 가던 배가 파선해 3개월을 머문 곳. 그는 그 3개월의 시간 동안 죄인의 신분으로서 두 개의 섬나라를 완전히 복음화시켰다. 선교에 미친 사람이 아니고서는 도저히 이뤄낼 수 없는 장면이다. 2000년 전의 그 바울처럼 우리도 선교에 미치기를 작정했다.

어딜 가나 사도행전의 흔적, 복음의 유적이 있는 유럽. 이곳에서 복음은 어떠해야 하고, 그 복음을 지닌 사람의 인생 여정은 어떠해야 하는지 아무도 말해 주지 않지만 나는 스스로 깨닫고 배울 수 있다. 이곳에서는 바울 같은, 숱한 믿음의 선배들 같은 따르고 배울 신앙의 선배들을 어디서나 만날 수 있다. 그 제자화의 대(代)가 끊이지 않고 이어진다면 우리가 발딛고 살아가는 어느 시대, 어느 곳에선가 복음의 꽃은 마침내 피어날 것이다. 비록 내 때가 아니라 하더라도 내 다음, 내 다음의 다음 대에라도 복음의 역사는 반드시 나타나고야 말 것이다. 그것이 복음이 지닌 저력이다.

# 유럽, 떠오르는 선교지

　유럽 사역을 시작한 지도 꽤 오랜 시간이 지나간다. 최근 몇 년 사이 유럽교회 리더들의 마음이 열리고 있다. 한불선교협정을 맺었고, 가톨릭 신부나 독일개신교연합인 EKD 주교회 지역 총회장의 "이제 우리가 선교지가 되었다"는 선언은 격세지감을 갖게 한다. 그만큼 유럽 교회 지도자들의 마음이 가난해진 것이다.

　유럽은 새롭게 떠오르는 선교지다. 그런 만큼 해야 할 일들도 많다. 다만 제3세계와는 상황이 확연히 다른 새로운 선교지다. 우선, 유럽은 이미 기독교를 깊이 경험했던 곳이다. 유럽의 기독교 역사는 사도 바울이 제2차 선교여행 중에 드로아에서 마케도니아 사람의 환상을 보고 바다를 건너 네압볼리 지방에 속한 빌립보에 교회를 세우면서 시작되었다. 그 후로 지금까지 유럽은 기독교 국가로 뿌리 내렸다. 지난 2000년 유럽의 역사는 곧 기독교와 함께 해온 역사였다고 해도 과언이 아니다. 유럽은 또한 기독교 신학을 만들어내는 곳이다. 그동안 기독교 신학의 대부분은 유럽에서 집대성되었다. 유럽 교회는 약화되었지만 유럽 신학은 아직까지 건재하며 세계 신학계를 주도하고 있다.

유럽은 세계선교를 주도했던 곳이다. '위대한 세기'라 불린 19세기에 유럽 기독교회는 세계선교에 총력을 기울였고, 위대한 선교사들을 많이 배출했다. 대영 제국의 교회들이 선교의 선봉에 섰고, 독일, 네덜란드, 벨기에 교회도 선교에 힘썼다. 심지어 교세가 상대적으로 약했던 프랑스 개신교회까지도 아프리카와 아시아, 태평양 지역에 선교사들을 파송했다.

유럽 교회들은 1815년에 '바젤 복음주의 선교회'를, 1821년엔 '덴마크 선교회'를, 1828년엔 '라인 강 지역 선교회'를, 그리고 1836년에는 '라이프치히 복음주의 루터 선교회', '북부독일 선교회' 등을 설립했다. 프랑스 교회도 프랑스 루터교회와 개혁교회 등이 협력해 '파리 선교회'(Mission de Paris)를 구성했다. 그 선교회를 중심으로 지금까지 세계 각국에 선교사를 파송하고 있다.

유럽은 이미 비종교 또는 탈종교 사회로 진입하고 있다. 유럽은 18세기 계몽주의 시대와 산업화, 20세기 1, 2차 세계대전을 겪으면서 급격히 무신론 사회, 탈종교 사회로 변해가고 있다. 프랑스는 1905년 제3공화국의 정교분리법이 통과되면서 공식적으로 세속사회(Laicite)를 선언했다.

이 법을 근거로 프랑스 사회는 모든 공공장소를 종교청정지대로 만들고자 했다. 대형 십자가를 비롯한 종교 상징물을 공공장소에 전시하는 것을 금지했다. 최근에는 성탄절에 설치하던 크리스마스 구유장식(La creche)도 불법으로 규정했다. 이로 인해 사회적 공공성을 상실한 교회는 점점 사회적 영향력을 상실해가고 있고, 그들의 신앙은 그저 개인적 영역으로 범위가 축소되어 마치 개인 취미생활과 같은 종교생활이 되어 버렸다.

그러면서도 유럽은 20세기 후반부터 유럽 재복음화 운동이 점점 확산되어 가고 있는 곳이기도 하다. 전통적인 교회들은 점점 쇠퇴해 가고 있지만 새로운 스타일의 교회들이 조금씩 두각을 나타내고 있다. 이 운동의 중심에는 복음적이고 카리스마틱한 교회들, 이방인 교회들의 기도와 선교활동이 자리하고 있다. 이것은 선교의 패러다임이 바뀌고 있다는 증거다. 즉 과거에 선교를 주도하던 지역이 이제는 선교지로 변화되고 있는 것이다.

과거에 전 세계를 대상으로 선교사를 보내던 선교 본부였던 유럽이 이제는 선교를 받아야 하는 선교지로 변해 가고 있는 것을 유럽 교회 자신들도 인정하고 있다. 강력한 교세를 자랑하던 프랑스 가톨릭 교회마저도 이미 프랑스 땅이 선교지가 되었음을 자인하는 단계에 이르렀다.

1940년대에 유럽과 프랑스에서 진행되던 탈기독교화를 인식한 프랑스 가톨릭교회 신부였던 고뎅과 다니엘(Godin et Daniel)은 그들의 책『프랑스: 선교지인가?』(France: pays de mission)에서 프랑스가 다시 선교 현장이 되었고, 새 이방인들의 나라, 무신론, 세속주의, 불신앙과 우상에 사로잡힌 나라가 되었다고 주장해 가톨릭 세계에 충격을 주었다.

이런 시기에 우리 디아스포라 한인 교회를 유럽 땅에 두신 이유가 있다. 그것은 유럽 선교를 위해서이다. 우리는 유럽 교회가 다시 일어나도록 마중물 사역을 감당해야 한다. 이를 위해 예장유럽선교회가 발족됐고, 최근에는 차세대 복음의 리더들을 길러낼 복음주의 신학교를 세우기 위해 준비하고 있다. 처음에 서울의 치유하는교회 김의식 목사님께서 "동생, 유럽에 복음주의 신학교를 열어서 복음의 리더를 길러야 하네"라고 제안했을 때는 그저 흘려들었지만 시간이 흐르면서 그 일이 프랑스와 유럽 선교를 위해 중차대한 일임을 깨달았다. 지금은 그 일을 이루기 위해 예장유럽선교회와 함께 준비하고 있다. 치유하는교회가 이 일을 위해 100만 달러라는 큰 예산을 준비하고 있다고 하니 감사할 뿐이다. 어서 일이 진행되어 유럽 재 부흥의 물을 길어 올릴 수 있기를 기도드린다.

유럽선교는 오래 기다려야 하고 선교 종사자들은 겸손으로 무장해야 한다. 이미 오랜 기독교 역사를 경험하고 난 후에 불이 꺼진 그들의 완고한 마음이 열리는 데엔 시간이 오래 걸리고 자칫 그들의 마음을 상하게 할 수도 있기 때문이다. 그들의 자존심을 세워주는 따뜻한 마음과 더불어 그들에게 도전할 수 있는 용기가 필요하다. 겸손하고 오래 참으시는 예수님의 마음을 가지고 다가가 그들의 진정한 친구가 될 때 그 일이 가능해 지리라.

# 프랑스는 이 시대 최고의 선교지다

나는 1996년 3월 24일 파리 샤를르 드골 공항에 도착했다. 아무런 계획이나 별다른 준비도 없이 떠밀리듯 그렇게 보내진 것이다. 모든 것이 낯선 이곳에서 선임 선교사님과 청년들이 기쁘게 반겨 주었다. 나는 언어 연수나 현지 적응을 위한 시간 없이 곧바로 청년부를 비롯한 교회 사역에 투입되었다. 동생의 급작스런 죽음으로 인해서 힘든 시간도 있었으나 사역은 늘 즐겁고 행복했다.

이렇게 1년의 시간이 지났을 때, 선임 선교사님께서 나를 불러 본인은 한인교회 목회를 하시고 나는 프랑스 선교를 하는 것이 좋겠다고 하여 그리하겠노라 대답하고 곧바로 프랑스 선교를 위한 준비를 시작했다.

막상 프랑스 선교를 준비하려고 하니 넘어야 할 산들이 겹겹이었다. 우선 '프랑스가 선교지인가?'에 대한 고민이었다. 이것은 '나는 선교사인가?'라는 정체성 문제로 이어졌다. 둘째는 선교의 대상인 프랑스인들과 그들의 입장이었다. 오랜 기독교 역사, 찬란한 예술과 문화를 자랑하는 그들이 동방의 작은 나라에서 온 동양인에게 마음을 연다는 것이 쉬운 일은 아닐 것이기 때문이다. 셋째로 한국교회와 성도들이 유럽과 프랑스를 선교지로 인정하느냐의 문제였다. 실제로 그때부터 지금까지 내가 만난 대부분의 한국인들은 "유럽과 프랑스에서 귀한 사역을 하고 계십니다"라는 말보다는 "참 좋은 곳에 계시네요" "복도 많으시네요 이런 곳에 사시다니" "언제 한번 구경가도 될까요?"라는 말들이었다. 넷째로 비싼 생활비가 문제였다. 프랑스에 사는 사람치고 이 문제에서 자유로운 사람이 많지 않다.

　이 중에서 내가 가장 오랫동안 고민한 것은 '프랑스가 선교지냐'는 것과 선교사 정체성의 문제였다. 그런데 불어를 공부하고 이 지역을 연구하고 사역을 하면서 발견한 사실은 바로 여기가 선교지일 뿐만 아니라 21세기에 가장 중요한 전략적 선교 요충지라는 거였다. 더 놀라운 것은 이 일을 감당할 수 있는 가장 적절한 이들이 바로 디아스포라 한인들이라는 사실이었다.

　이런 깨달음과 확신은 내 가슴에 불을 질렀다. 그리고 프랑스 선교에 대한 구체적이고 장기적인 사역 계획을 만들도록 인도했다. 프랑스가 어떤 나라인가? 프랑스는 이미 복음화를 경험했고 기독교의 위대한 유산을 소유한 나라 아닌가. 고대 교부 이레네우스는 리용의 주교로 있다가 순교했다. 몽마르트 언덕의 주인공인 파리 최초의 주교 생 드니(Saint Denis)는 순교의 피를 흘렸다. 장 칼뱅을 비롯한 종교개혁자들을 배출했고, 변질된 가톨릭 신앙에 맞선 위그노들의 저항과 순교가 있었던 나라다.

프랑스는 또한 이슬람의 북진을 막아낸 나라다. 스페인을 장악한 이슬람 세력이 유럽을 정복하기 위해서 진격해 올 때 샤를마뉴의 조부였던 카를 마르텔이 푸아티에 전투(주후 732년)에서 승리하므로 이슬람의 북진을 막고 유럽의 기독교와 문화를 보존할 수 있었다. 그때부터 프랑스는 이슬람의 북진을 막고 유럽의 기독교를 보존하는 최전선으로 존재해 오고 있다.

그러나 프랑스 혁명과 계몽주의 시대를 거치면서 기독교의 가치는 평가절하 되었다. 또한 20세기 산업화, 개인주의, 자유주의 신학, 세속화 등의 소용돌이 속에서 기독교 신앙은 그 영향력을 송두리째 잃어버리고 말았다. 현재 프랑스 개신교인은 프랑스 인구의 2.6%에 불과하며 그 가운데서도 매 주일 예배에 출석하는 사람은 8% 정도다. 설상가상으로 프랑스의 이슬람 인구는 계속 증가, 전체 인구의 10%에 해당되는 600만 명이나 된다. 파리의 어디를 가나 이슬람 사람들을 만난다. 파리는 다민족, 다종족, 다문화, 다종교 사회다. 파리에는 모든 것이 있다. 파리에서는 모두를 만날 수 있다. 그래서 선교 현장이다. 프랑스는 교통과 정치, 문화의 중심지며, 유럽과 아프리카 불어권 24개국의 종주국이다. 따라서 유럽과 아프리카 이슬람과 불어권 선교를 위해서 최적화된 선교 전략지이다. 21세기에 이보다 더 중요한 선교지가 또 있을까?

하지만 고충도 많다. 그것은 프랑스와 유럽을 새로운 선교지로 인식하고 함께 하려는 이들을 찾기 어렵다는 사실이다. 나는 한 동안 파송 교회가 없는 선교사로 살았기에 어려움이 있어도 상의할 길이 없었다. 그런 가운데 마침 파리에 집회를 위해 오신 서울 창동의 염광교회 황성은 목사님께서 교회와 함께 하자고 제안하셨다. 염광교회 장로님들도 통 크게 나를 받아들여서 지금은 주 파송 교회를 얻게 되었다. 뿐만 아니라 염광교회 선교 부장인 김행도 장로님을 비롯한 시무 장로님들께서 직접 파리를 방문, 교회 내 우이선교관 개관 예배에 참석하고 필요한 차량까지 헌물하시며 격려하였다. 지금은 우리 교회에 황수혁 목사님을 파송해 주어서 목회와 선교에 큰 활력을 얻고 있다. 그들의 지지와 격려에 힘입어 나는 오늘도 주님이 맡기신 사명의 길을 뚜벅뚜벅 걸어갈 수 있다. 어디쯤에선가 프랑스에 복음의 꽃이 만발하는 날을 기대하면서….

# 그리스 수도원에서
# 핏자국 선연한 복음을 생각한다

그리스에서 목회자 성경 연구원(목성연)이 열렸다. 서유럽, 동유럽, 중동, 북아프리카에서 사역하는 한인교회 목회자와 선교사 80명이 모여서 히브리서를 공부했다. 월요일 오후 5시부터 시작된 성경연구는 목요일까지 박승호 목사님의 지성과 열정 넘치는 강의로 내내 뜨겁게 진행되었다. 선교지와 목회현장에서는 맞닥뜨릴 수밖에 없는 영혼의 고갈을 말씀을 통해 충만하게 채우는 놀라운 시간이었다.

히브리서는 우리가 구원 받아 천국 가는 것에 만족하지 말고, 멜기세덱의 반차를 좇으신 예수님의 장성한 분량에까지 성숙해지는 삶을 살 것을 강력하게 요청하고 있다. 특히 고난, 순종, 믿음의 단

아들을 보며 내 자세에 대해 새롭게 경각심을 가졌다.

"그가 아들이시면서도 받으신 고난으로 순종함을 배워서 온전하게 되셨은즉 자기에게 순종하는 모든 자에게 영원한 구원의 근원이 되시고"(5:8,9), "그들은 믿음으로 나라들을 이기기도 하며 의를 행하기도 하며 약속을 받기도 하며 사자들의 입을 막기도 하며 불의 세력을 멸하기도 하며 칼날을 피하기도 하며 연약한 가운데서 강하게 되기도 하며 전쟁에 용감하게 되어 이방 사람들의 진을 물리치기도 하며"(11:33,34), "이러므로 우리에게 구름 같이 둘러싼 허다한 증인들이 있으니 모든 무거운 것과 얽매이기 쉬운 죄를 벗어 버리고 인내로써 우리 앞에 당한 경주를 하며"(12:1).

성경 속 믿음의 선배들은 자신을 송두리째 하나님의 뜻, 그 부르심 앞에 던졌던 사람들이다. 자신의 처지나 형편, 심지어 자신의 생명마저도 아랑곳하지 않았다. 히브리서를 읽고 공부하면서 신앙의 기준치를 너무 낮게 잡고서 만족하고 있는 나 자신을 보게 됐다. 성적이 중간인 학생은 15등만 해도 만족하지만 성적이 톱을 지향하는 학생은 2등, 3등에도 결코 만족하지 않는 법이다. 그런데 나는 마치 중간 성적의 학생처럼 어정쩡한 믿음에 만족하고 있었던 것이다.

그런 나 자신의 모습이 부끄러워 회개했다. 왕과 제사장이신 예수님의 성품과 삶과 사역에 이르도록 내 믿음의 기준치를 높여잡기로 했다. 그러기 위해서는 나 자신을 쳐서 복종시키는 게 우선이다. 날마다 그렇게 나 자신을 드리고, 평생 그런 삶을 살아야겠다고 결심하며 성령님의 도움을 청했다.

목성연이 끝나고 그 다음날인 금요일에는 참가자들과 함께 그리스정교회 수도원을 방문했다. 항상 수도원에 갈 때면 마음의 옷깃을 여미며 내 삶과 사역을 성찰하게 된다. 나도 목사지만 수도원의 수도사에게는 비교할 수 없는 근엄함, 경건함이 배어나기 때문이다. 주님을 사랑하고, 세상을 위해서 기도하려고 한 평생을 겸손히 주님께 바친 수도사들이 수도했던 현장. 그들은 그곳에서 성경과 신앙서적을 필사하는 일을 했고, 이교도들로부터의 박해 속에서 죽음에 이르는 순간에도 신앙을 지켜내며 살다가 유골만 남긴 채 하늘로 갔다. 그들의 거룩한 삶 앞에서 자꾸만 작아지는 나 자신을 발견하는 것은 어쩔 수가 없다. 마치 히브리서에 기록된 믿음의 선배들의 행적을 보며 한없이 작아지는 나 자신을 보고 있는 것과 같은 것이다.

중세 당시 수도사들은 오감(五感) 예배를 드리며 하나님의 임재 속에 살았다고 한다. 눈으로 보고, 귀로 듣고, 입으로 맛보고, 손으로 만지며, 코로 냄새를 맛보는 입체적인 예배의 삶을 살았다는 것이다. 전 존재, 온전한 삶으로 드리는 예배는 과연 얼마나 아름답고 멋진 예배인가. 상상만으로도 하나님의 임재가 느껴지는 것 같다.

수도원을 향해서 가는 길에 그리스 청소년들을 만났다. 우리가 한국 사람인 것을 알아본 그 아이들은 즉시 '강남 스타일'을 부르며 맘춤을 추기 시작했다. 마침 선교사님 가운데 가수 싸이와 외모가 비슷한 분이 계셨다. 회교권 오만이라는 나라에서 오신 분인데, 아이들이 그 선교사님을 중심으로 모여들어 춤을 추었다.

그러자 선교사님 가운데 또 다른 한 분이 그들에게 강남 스타일

대신 '예수 스타일'을 가르쳤다. 그것은 바로 '할렐루야 아멘'이었다. 우리 모두 '할렐루야 아멘'을 외치며 춤추고 즐거워했다. 정교회 인구가 95%가 넘는 그리스. 하지만 개신교 인구는 1만 5000여 명에 불과하다. 정교회 교인들 대부분은 평생 세 번 교회에 나간다고 한다. 세례식, 결혼식, 그리고 장례식 때다. 그걸 형식적인 종교생활로 봐야 할지 아니면 인생의 가장 중요한 순간들을 교회에 가서 진행하는 것이니 종교심이 많다고 해야 할지는 잘 모르겠다.

그리스는 사도 바울이 극심한 핍박 속에서 복음을 전했고, 그 결과로 복음의 꽃이 활짝 피었던 나라다. 빌립보, 데살로니가, 고린도, 아테네 등 성경에 등장하는 교회들이 있는 땅이다. 그때 꽃피었던 복음은 이제 도시의 유적처럼 화석화된 것 같다. 이 땅에도 예수 그리스도의 복음이 만발하는 날이 다시 한번 오기를 기도했다.

# 낭트에 다시 하나님의 임재가 넘치기를

하나님은 연약한 자들을 통해 강력한 역사를 이루신다. 가난한 자들을 통해 부자들을 심판하기도 하시고, 죄인들을 통해 의인들을 부끄럽게도 하신다. 얼마 전 다녀온 우리의 낭트(Nantes) 선교가 그랬다.

자동차로 5시간 반을 달려 도착한 낭트의 하늘은 낮게 떠 있는 구름 탓인지 땅과 가까이 있다는 느낌을 주었다. 반갑게 맞아 주는 형제자매들로 인해서 처음 만남이 서먹하거나 낯설지도 않았다. 우리는 여전도회가 정성껏 마련해 준 음식을 나누며 마음을 연 후에 예배를 드렸다.

금요일 저녁 첫 집회에서 나는 '하나님의 주권을 인정하라'는 주제로, 다음 날 아침 집회에서는 '여호와 삼마, 하나님이 여기 계시다'

라는 주제로 메시지를 전했다. 낭트, 프랑스, 유럽, 그리고 온 세상에서 하나님의 주권을 인정해야 한다는 것이고, 하나님이 낭트를 비롯해 유럽과 온세계에 계시다는 것을 선포하고 싶었던 것이다. 낭트 사람들이 듣기 좋은 말이 아니라 꼭 듣고 알고 믿어야 되는 말씀이라고 생각해 골랐다.

8명으로 구성된 우리 팀은 갑자기 구성된 팀이라고는 믿겨지지 않을 만큼 호흡이 잘 맞았다. 선교 오기 며칠 전에 꾸려진 팀이라 사실 걱정이 많았다. 제대로 준비를 해도 어려운 게 선교인데 제대로 준비를 못했으니 말이다. 하지만 하나님은 당신의 뜻, 당신의 선교를 위해서는 제대로 준비되지 않은 사람마저 쓰신다는 걸 이번 선교에서 확인할 수 있었다.

낭트는 1598년 4월, 구교에 속했던 앙리4세가 프랑스 개신교였던 위그노에게 신앙의 자유를 주는 칙령을 발표한 프랑스 개신교회 역사에서 매우 중요한 도시다. 이 같은 낭트 칙령으로 30여 년간 이어졌던 위그노전쟁의 종식을 고했다. 이 칙령에 따라 위그노들에겐 파리를 제외한 전 지역에서 시민권이 허용되었고 공공예배도 드릴 수 있었다.

하지만 프랑스 개신교 역사에서 중요한 위치를 차지하는 낭트는 이제 프랑스의 여느 도시들처럼 교회들은 퇴락하고, 문화와 전통으로서의 신앙만이 겨우 명맥을 유지하는 도시가 되고 말았다. 400~500년 전 찬란했던 하나님의 영광은 완전히 떠나고 만 것이다.

그러한 낭트의 의미를 잘 알기에 우리는 이 도시에 다시 하나님의 영광이 돌아오고, 하나님의 백성들이 가득하며 교회가 회복되는 날이 오기를 간절히 소망하며 예배를 드렸다.

놀랍게도 예배를 드리는 매 시간마다 성령님께서 일하시는 것을 느낄 수 있었다. 하나님은 위가 아파서 고통당하는 자매를 고쳐 주셨다. 복음에 대한 감격이 없던 많은 형제자매들의 마음을 새롭게 만져 주셨다. 주님의 은혜를 사모하는 몇 사람들의 마음에서부터 회복이 일어나기 시작한 것이다.

그리고 현장에서 안 사실은 프랑스 개혁교회가 새로 부임한 열정적인 까롤린 슐럼프 목사의 헌신으로 부흥을 경험하고 있다는 것과, 그 목사님이 한국교회에 대해 지대한 관심을 가지고 있다는 것이었다. 우리는 이미 하나님께서 교회를 세우기 위해 미리 예비해 놓으신 것을 확인하면서 낭트한인교회를 창립하기로 결정했다. 그리고 그곳 성도들과 우리 교회가 함께 기도하며 준비하기로 했다.

이 새로운 교회를 통해 낭트와 서부 프랑스에 하나님의 영광이 임하고 생명과 삶과 예배와 사명이 회복되는 날이 속히 오기를 기대했다. 하나님께 기도한 뒤 가끔 잊어버리고 말 때가 있지만 이번 경우는 달랐다. 낭트의 회복을 간절히 바라시는 하나님의 심정이 전해져 왔기 때문이다. 그 분명한 기대를 안고 우리는 파리로 돌아왔다.

그로부터 며칠 후, 낭트로부터 소식이 왔다. 우리 일행이 다녀간 후에 교인들의 기쁨이 회복되었으며, 예상치 못한 좋은 일들이 많이 일어나고 있으며, 낭트에 있는 형제자매들이 교회가 창립된다는 사실에 기뻐하며 사람들에게 전도를 하기 시작했다는 것이다. 각자의 신앙 회복도 놀라운데 그들이 전도까지 자발적으로 나서다니 얼마나 기쁜 일인지 모른다. 신앙 회복의 증거는 전도로 귀결되는 것일 게다. 그들은 우리의 상상이나 기대보다 훨씬 더 회복되었다.

하나님께서 전혀 준비가 안 된 우리 연약한 팀의 발걸음을 통해서 하나님 나라의 역사를 이루신 것이다. 전적인 하나님의 은혜, 그 크고 놀라운 은혜의 열매 앞에 감격하지 않을 수가 없었다. 낭트와 서부 프랑스에 하나님의 영광이 돌아오길, 예배와 사명이 회복되길 기도했는데, 놀라운 역사의 현장 앞에서 그만 나도 모르게 뜨거운 눈물을 흘렸다. 준비된 자든 준비가 안 된 자든, 가난한 자든 부요한 자든 하나님은 당신의 나라를 위한 부르심에 무작정 순종하며 덤벼드는 자들에게 당신의 영광, 당신의 임재를 드러내고 마신다.

이렇게 창립된 낭트 선한교회는 현재 총회 파송 선교사인 신금섭 목사가 담임으로 사역하면서 프랑스 개신교회와 협력을 통해 프랑스 서부지역을 위한 선교 교두보로 자리매김해 가고 있다. 프랑스 선교에는 눈물을 흘리며 씨를 뿌리는 수고와 오랜 기다림이 필요하다. 그러나 결국에는 풍성한 열매를 거두게 될 것이 분명하다. 하나님께서 인도하시는 선교이기 때문이다.

# 독일에서 '참된 복음'을 경험하다

얼마 전 이틀 동안 독일 본에서 대학생성경읽기선교회(UBF) 지도자들을 위한 세미나가 열렸다. 나는 21세기 선교현장 분석, 성경 말씀 묵상과 전달에 대해 강의를 했다. 독일의 임재훈 목사는 기독교 미술사를 강의했다. 독일 현지인 사역자들과 한인 선교사들은 그 강의 내용을 가지고 새벽에 모여서 나누고 기도하며 그것들을 사역에 적용하기 위해서 또 회의를 했다. 그 진지한 모습이 무척이나 감동적이었다.

나의 강의 제목은 '나의 말씀읽기, 풀기, 전하기'였다. 변화하는 이 시대에 변함없으신 하나님의 말씀만이 진정한 해답임을 깨닫고, 그 말씀에 꼭 붙들린 사역자가 되어 유럽 땅이 복음으로 가득하게 되는 일에 쓰임 받기를 기도하고 결단했다.

나와 함께 강사로 참여한 독일 프랑크푸르트 비전교회 장광수 목사는 나에 대한 강의 평을 이렇게 보내왔다. "통역기가 없는 탓에 강사가 한 마디 하면 10여명이 동시에 옆에 있는 독일인들에게 통역하는 바람에 순식간에 와글와글하는 분위기로 변한다. 이런 분위기에서 강사가 집중력을 잃으면 큰일인데 성원용 목사는 흔들림 없이 청중을 압도하며 강의를 밀고 나갔다. 그러자 모두 은혜를 받기 시작했다. 같은 나이, 같은 목사, 같은 유럽 목회와 사역 20여년 동시대 사역을 감당한 나는 친구 성 목사에 대한 존경심이 일어나는 것을 경험했다." 물론 과분한 칭찬이다. 나는 오히려 장 목사의 강의에서 다시 한번 유럽의 사역자로 부름 받은 것에 감사하며 감격할 수 있었다.

유럽 선교의 진짜 주역들은 따로 있다. 한국사회에 별로 알려지지 않은 무명의 한인 사역자들이다. 그들이 유럽 지성사회 곳곳에 뿌리고 있는 복음의 씨앗들은 어느덧 싹을 틔우고 자라나 유럽사회의 주역들로 자리 잡아 가고 있다.

UBF 유럽 디렉터인 피터 장 목사님은 60대 중반을 훌쩍 넘기셨는데 마치 50대처럼 보였다. 40년 전에 빈손으로 독일 땅에 와서 공부를 하며 철학박사 학위를 취득했다. 거기다 독일 대학생들을 전도해 그들을 사역자로 만들었다. 그들이 지금은 변호사를 비롯한 사회의 중진들이 되었다. 이들은 대부분 의사, 변호사, 국립대학 출신의 박사, 선교사들이다. 강의를 듣기 위해 참석한 이들은 수십 년간 성경을 가르치고, 매일 아침저녁으로 성경을 연구하며 공동체 생활을 해

온 지도자들이다. 이들의 헌신과 사역으로 선교센터가 세워지고 교회가 세워져 수많은 영혼들을 예수 그리스도께로 인도하고 있다.

독일인 사역자들은 매우 신실하고 충성스럽다고 한다. 그들은 마음을 정하기가 어렵지 일단 마음을 정하면 좌우를 돌아보지 않고 한 길을 간다고 한다. 역시 루터의 후예답다. 그 민족성이 신앙에도 그대로 배어 있다는 생각이 들었다. 그들이 우리를 대하는 태도에는 하나님의 말씀을 전하는 목사에 대한 존경심이 고스란히 들어 있었다. 신선한 충격이었다.

나는 어떤가. 늘 하나님의 말씀으로 설교를 하고 있지만 정작 나 자신은 설교대로 살려고 힘쓰고 있는가. 아침저녁으로 하나님의 말씀을 가지고 교우들과 씨름하며 공동체를 이뤄가고 있는가. 나의 목회 대상인 교우들이 유럽 사회를 변화시키는 주역들로 자라가고 있는가. 나의 궁극적인 소망과 내 삶의 푯대는 무엇인가.

고국 교회, 교인들은 또 어떤가. 우리는 진정 신실하고 충성스러운가. 하나님 앞에 마음을 정하지 못해 끊임없이 좌우를 돌아보며, 양 갈래 세 갈래 길을 가고 있지는 않은가. 왜 우리는 루터 같은 개혁자들을 배출하지 못하는가. 억척스럽게 한 길 가는 걸 잘 하지 못하는 민족성 때문인가. 끝없이 추락하는 고국 교회 소식 앞에서 나는 어떻게 해야 하는가.

그들에게 말씀을 전하고 그들과 교제하면서 나는 나 자신을 한없이 돌아보았다. 말씀대로 살고, 복음을 전하며 살려고 씨름하는 그들의 모습 앞에서 나도 모르게 부끄러움, 반성, 결단의 마음이 솟아났다. 강사로 간 내가 오히려 배우고 오는 격이 된 것이다. 그것도 그냥 배운 정도가 아니라 내 심령 깊숙한 것들을 환한 빛에 드러내 보인 것 같은 느낌, 뭔가 깊은 영성이 내 마음속으로 스며들어온 것 같은 기분이다.

나와 같은 시대에 이렇게 멋진 그리스도의 제자들이 살아가고 있다는 사실이 내게 커다란 도전과 안도감을 동시에 안겨주었다. 가끔 프랑스나 유럽을 생각할 때마다 밀려드는 짙은 회의가 말끔히 걷히는 것 같다. 이거야말로 예수님의 살아계심, 복음의 역동성의 현장이 아닌가.

집회 일정을 마치고 선교센터를 떠나 파리로 돌아오는데 마치 어느 고즈넉한 수도원에 들어갔다가 나온 듯 내 영과 마음이 새로워진 것을 느낄 수 있었다.

# 부르키나 파소를 축복하소서

부르키나 파소의 수도 와가두구에서 열린 '서부 아프리카 찬양사역자 대회'에서 말씀을 전하고 돌아왔다. 부르키나 파소는 '정직한 자들의 땅'이라는 뜻이다. 부르키니(burgini, 정직)라는 명사는 프랑스어로 품위라는 의미도 담고 있다고 한다. 그들의 조상이 노예로 팔려가고 프랑스로부터 식민통치를 받았으나, 자신들은 노예가 아닌 존귀하고 품위 있는 사람들이라는 마음을 담은 것이다.

부르키나 파소는 1896년 프랑스 식민지가 되었다가 1960년 프랑스로부터 독립했다. 하지만 거듭된 군사 쿠데타로 나라는 독립 이후에도 안정과는 거리가 멀었다. 1966년 군사 쿠데타, 1980년 군사 쿠데타, 1982년 쿠데타, 1983년 군사 쿠데타 등 집권과 쿠데타가 반복됐다. 1983년 8월 토마스 상카라와 그의 정치적 동료였던 블레즈 콩파오레가 프랑스 식민 잔재 청산을 기치로 군사 쿠데타를 일으켰다. 대통령으로 취임한 상카라는 자신이 평소 구상하던 개혁정책을 과감하게 펼쳤다. 과중한 인두세를 폐지하고, 토지 재분배정책 등 사회주의적 경제정책을 펼쳤다. 보편화되다시피 했던 일부다처제와 할례 의식을 금지했다. 이듬해 8월엔 국명을 지금의 부르키나 파소로 변경했다. 그 전까지는 오트 볼타로 불렸다. 그러자 농업생산량이 2배 넘게 증가하고 자급자족 국가로 성장했다.

하지만 상카라는 1987년 10월 그의 정치적 동지였던 블레즈 콩파오레에게 살해당하고 만다. 콩파오레는 미국의 지원을 등에 업고 군사 쿠데타를 일으킨 것으로 알려져 있다. 쿠데타를 통해 집권한 콩파오레는 상카라가 국민적 지지를 받던 사회주의적 개혁정책들을 중단하고 권위주의적 통치를 더욱 강화해 나갔다. 이러한 철통정치를 기반으로 그는 1991년, 1998년, 2005년, 2010년의 선거에서 잇달아 승리했다. 하지만 2014년 10월 연임을 반대하는 전국적인 시위와 군사 쿠데타로 그는 실각하고 만다. 2015년 9월 콩파오레의 동료였던 질베르 디앵데레가 쿠데타를 통해 최고 지도자에 올랐으나 엿새 만에 실각했다. 그 결과로 부르키나 파소는 지금까지 혼란 속에 허덕이고 있다. 정의가 구현되지 않고, 좋은 지도자를 만나지 못한 이 나라 국민들이 당하는 고통은 심각하다.

부르키나 파소는 농업이 산업의 대부분을 차지한다. 좋지 못한 기후와 토양, 거기다 정치적인 불안정으로 백성들은 가난에서 벗어날 줄 모른다. 일자리를 찾지 못한 국민들은 인근 나라인 코트디부아르나 가나로 이주하고 있다. 2014년 현재 1인당 국민소득은 713달러로 세계 최저 수준이다. 만성적인 적자에다가 가뭄에 의한 잦은 농작물 타격, 거기다 대부분 수입하는 생필품 가격의 폭등으로 백성들은 말할 수 없는 고통의 터널을 지나고 있다. 그나마 해외 이주 노동자들이 부쳐오는 송금이나 해외 원조가 경제를 연명해 주고 있다.

종교적으로는 이슬람이 60%, 천주교가 19%, 개신교는 4% 정도로 이슬람 세력이 계속 확장되는 추세다. 경제적으로 최극빈국에 속하는 이 나라는 지금까지 내가 방문한 나라 중에서 가장 가난했다.

숙소에서 집회 장소를 오가며 차창 밖으로 스치는 풍경들은 하나같이 슬프기만 했다. 삐쩍 마른 엄마가 아기를 업고 한 손엔 아기 손을 잡고 다른 한 손엔 시장에 내다 팔 야채를 인 채 이동하는 장면, 할 일 없이 빈둥거리는 청소년들, 주도로이지만 먼지만 자욱하게 날리는 거리들. 파리로 돌아오고 나서도 그 슬픈 부르키나 파소의 잔상들이 마음에서 떠나질 않는다.

무더운 날씨 속에서도 이른 아침부터 밤늦게까지 부흥회와 특강, 그룹 워크숍에 참여하는 사역자들의 모습은 매우 진지했다. 참가자들은 부르키나 파소와 인근 나라에서 꽤나 지식인 그룹에 속하는 사람들이다. 그들은 지금 어떤 마음으로 이 집회에 참여했을까. 그들의 마음, 그들의 기도 속에 이 비참한 부르키나 파소의 슬픈 현상이 고스란히 담겨 있을 것이다.

얼마 후 그들은 "부르키나 파소를 축복하소서!"라는 노래를 부르며 뜨겁게 눈물로 기도했다. 그 기도 소리를 다 알아들을 수는 없었지만 안타까운 조국의 현실을 향한 애틋하고 절절한 마음만큼은 충분히 공감이 됐다. 그리고 그 모습은 곧 우리의 모습과 겹쳐졌다.

일제 강점기와 6.25 전쟁으로 폐허가 된 나라, 거기다 우리 또한 군사 쿠데타가 끊이지 않았던 나라들과 별로 다르지 않은 나라였지 않은가. 그런 조국의 독립과 평화, 안정과 회복을 위해 얼마나 숱한 성도들이 산에서, 기도원에서, 골방에서 눈물로 부르짖고 기도하며, 피와 땀을 흘려야 했던가.

그들의 모습은 낯설고 가난한 어느 이름 모를 아프리카의 현실이 아니었다. 그것은 바로 불과 얼마 전 우리의 모습, 우리 선배들이 그토록 사랑하고 부여안고 기도했던 우리 조국의 모습이었다. 나도 몰래 내 가슴 밑바닥에서 울컥 하며 솟는 게 있었다. 나도 그들과 함께 무릎꿇고 눈물로 간절히 기도했다.

"주여, 부르키나 파소를 축복하소서. 주여, 이 땅의 백성들을 축복하시고 반드시 부흥을 허락해 주소서!"

# 주님을 찬양하라 그러면
# 샘물이 솟아나리라

웨일즈 열방 부흥 축제(Celebrations for the Nations)에 다녀왔다. 이것은 1904년 웨일즈에서 있었던 부흥이 21세기에도 다시 일어나기를 소망하며 전 세계 젊은이들이 모여 일주일간 경배와 찬양과 기도를 드리는 집회다. 웨일즈 대부흥의 영향을 받은 나라들로부터 모인 사람들이 예배와 중보기도로 믿음의 조상들이 팠던 은혜의 우물들을 우리 세대에 다시 파고자 하는 예배 축제다. 2007년에 처음 시작되었다고 한다.

웨일즈 부흥은 인도, 한국, 중국, 일본과 남아프리카에 새로운 각성을 일으켰고 아프리카 전역과 라틴 아메리카, 남태평양군도의 작은 섬까지도 일깨웠다고 전해진다. 그 부흥의 한가운데엔 이반 로버츠라는 가난하고 젊은 설교자가 있었다.

18세기의 영국. 겉으론 당시로서는 첨단을 달리고 있었던 산업혁명의 기계소리가 들렸지만 정작 그 내부는 노동자들의 희생, 환경오염 등 짙은 신음소리를 내고 있었다. 이러한 사회에 대해 교회는 아무런 영향력을 발휘하지 못할 만큼 타락하고 영적 권위를 상실해버린 상태였다. 존 웨슬리 같은 이가 일어나 각성과 부흥의 시기를 잠깐 맞이하기는 했지만 영국 사회는 바뀔 줄 몰랐다.

웨일즈 부흥은 이런 상황에서 일어났다. 그것도 영국이 아닌 저 구석진 웨일즈 시골에서. 이반 로버츠는 광부의 아들로써 14형제 중 아홉째로 태어났다. 가난한 집안 태생이었던 그는 당시 가난한 아이들이 으레 그랬듯 열두 살 때부터 아버지를 따라 광산에서 일을 하거나 대장장이 일을 했다고 전해진다.

그렇게 가난하고 힘든 생활을 하는 중에도 그는 '삶의 모든 면에서 하나님을 영화롭게 하고 싶다'는 강한 열망으로 하나님을 향한 신앙을 키워갔다. 그러한 열망이 강력해서 성경을 연구하고 기도하느라 밤을 하얗게 새우는 경우도 허다했다. 마침내, 그가 26세 때인 1904년부터 고향 모리아 교회에서 기도집회를 시작했다.

17명으로 시작된 첫 집회에 마치 오순절 마가의 다락방 같은 강력한 성령의 역사가 임해 17명 전원이 회개와 성령 충만을 경험했다고 한다. 그 강력한 역사는 이후에도 계속됐다. 기도집회가 열리는 5개월 동안 웨일즈 전역에서 10만여 명이 교회를 다녀갔다. 이런 그를 사람들은 '웨일즈의 존 웨슬리'라고 불렀다.

그가 광부의 아들이어서 그랬을까. 그의 집회에는 유독 탄광에서 일하는 광부들이 피곤한 몸을 이끌고 많이 참석했다고 한다. 그들은 눈물로 회개하며 훔친 연장을 돌려줬고, 그러한 회개는 술집과 당구장을 텅텅 비게 했고, 형무소에 있는 죄수들에게까지 회개운동이 번져가게 했다. 이 회개를 통한 부흥운동은 영국 전역은 물론 미국, 캐나다, 그리고 인도와 중국, 한국에까지 번졌다. 당시 직접 웨일즈를 방문했던 미국의 존스턴 목사는 1906년 9월 서울의 한 집회에서 웨일즈 부흥운동을 증거했다고 한다. 그때 모인 선교사와 목사들이 큰 감동과 도전을 받았고 이것이 1907년 평양대부흥운동으로 이어졌다는 것이다.

웨일즈 열방 부흥 축제에서 나는 그러한 회개와 부흥이 다시 한번 영국과 프랑스에서, 그리고 조국 대한민국에서 일어나기를 간절히 기도했다. 그러기 위해서는 나 자신의 내면에서부터 회복이 일어나고 성령의 기름 부으심이 있어야 했다. '가랑비에 속옷 젖는다'는 말처럼 나는 일주일 동안 하나님을 찬양하고 마음을 하나님께 집중하며 기도했다. 정말 주님의 은혜가 나의 영혼에 넘치는 것을 경험할 수 있었다.

그러면서 깨달은 게 있다. 21세기 세계의 회개와 대부흥을 위해 하나님께서는 우리 민족을 사용하고 계시다는 것이다. 열방 부흥 집회에 참석하고 이 집회를 섬긴 사람들의 3분의 2 정도가 한국 사람들이었다. 놀라웠다. 그들은 오직 이 집회 하나를 위해서 값비싼 대가를 지불하고 한국과 세계 각처에서 달려왔던 것이다. 이렇게 극성스러운 민족이 또 있을까? 이렇게 복음을 위해서 열정을 다하는 민족이 또 있을까? 주님은 이 마지막 때에 세계 열방의 회개와 부흥, 하나님 나라를 위해 우리 민족을 사용하고 계신 것이다.

이미 21세기를 위한 부흥이 웨일즈에서 시작되고 있는 것이다. 19세기에 이반 로버츠라는 한 가난하고 이름없는 젊은 설교자를 통해서 놀라운 부흥을 시작하셨듯이, 하나님은 리처드 테일러를 비롯한 무명의 젊은 사역자들을 일으키셔서 영국과 열방을 일깨우고 계시다는 걸 내 눈으로 직접 확인할 수 있었다.

이 부흥의 바람, 부흥의 물결이 프랑스 땅에도 흘러 들어오기를 소망했다. 프랑스의 지난 500년 개신교 역사는 고난과 박해, 움츠림의 시간이었다. 이제는 이 메마른 땅에도 복음의 영광과 예배의 능력이 회복되고, 하나님의 임재와 다스리심이 회복되는 날이 와야만 하리라. 아니 오고야 말 것이다.

"주님을 찬양하라. 그러면 샘물이 솟아나리라."

지난 7년간 열방 부흥 축제 참가자들이 붙들고 달려온 비전이다. 웨일즈에서, 프랑스에서, 조국 대한민국에서, 그리고 온 세계에서 이 비전이 현실이 되기를 간절히 기도했다.

웨일즈 열방 부흥 축제의 모습

# 아웃 오브 아프리카
# (Out of Africa)

 케냐 심리상담 세미나와 선교집회를 마치고 하루 시간을 내어 영화 '아웃 오브 아프리카'(Out of Africa)의 배경이 된 장소를 방문했다. 아웃 오브 아프리카는 1986년 아카데미 시상식에서 7개 부분을 석권했던 수작이다.
 끝없는 대지에 펼쳐진 그림 같은 초원, 느린 걸음으로 그 위를 활보하는 사슴이며 들소떼들, 검고 흰 구름과 파란 하늘은 '생동하는 자연은 바로 이런 것'이라는 강력한 메시지를 던져주고 있었다. 인간이 돌아갈 모성애 같은 땅, 생명의 땅, 원초적 고향 같은 느낌이 들었다. 내가 마치 영화 속 주인공 로버트 레드포드가 된 것처럼 설레었다.
 '아웃 오브 아프리카'는 덴마크 여성 소설가였던 카렌 블릭센이 케냐에서 산 17년간을 기록한 자전적 소설이라고 할 수 있다. 시드니 폴락 감독이 이를 각색해 영화로 만들었다.

카렌은 막대한 재산을 가진 아버지가 사춘기 시절 자살하자 엄청난 충격과 방황 속에 보낸다. 그 고통에서 벗어나고자 도피성 결혼을 했다. 결혼 후 새로운 땅 아프리카에서 새로운 삶을 시작하려 해보지만 매사에 이기적이고 독선적인 남편은 그녀를 더욱 힘들게 할 뿐이었다. 결국 그녀는 자유와 낭만을 상징하는 남자 데니스를 사랑하게 된다. 사랑과 일을 병행하려 해보지만 그것도 결국 실패로 끝나고 만다.

카렌이 살던 때는 유럽인들이 아프리카인들을 착취하던 식민통치 시절이었다. 1884년 콩고 강 지역에 대한 특별 지배권을 주장하는 포르투갈의 요구로 개최된 베를린 회의를 시작으로 프랑스, 영국, 독일 등 서구 열강들의 '아프리카 땅 따먹기'가 본격화됐다. 프랑스는 모로코, 알제리, 튀니지 등 서북부 아프리카 일대를 식민지로 삼았고, 영국은 이집트 수단 우간다 케냐 남아공 모잠비크를, 독일은 나미비아 탄자니아를, 스페인은 서사하라를, 그리고 거기다 포르투갈, 네덜란드, 이탈리아, 벨기에까지 아프리카를 먹기 위해 덤벼들었다.

사실 유럽의 아프리카 지배 움직임은 19세기보다 훨씬 이전인 15~16세기부터 있었다. 이미 그때부터 포르투갈은 콩고와 모잠비크 해안을, 덴마크와 영국, 프랑스는 서아프리카의 황금 해안과 상아 해안을 지배하기 시작했다. 이처럼 유럽의 아프리카 지배는 오래

되고 당연한 것처럼 여겨지는 환경 속에서 카렌은 아프리카인들을 착취와 교화의 대상이 아닌 우정의 대상으로 받아들였다. 그들에게 의료와 교육 혜택을 주기 위해 온 힘을 기울였다. 그 때문에 서구 통치자들의 시기와 미움을 사기도 했다.

카렌은 자신이 경영하던 커피농장이 불타면서 아프리카를 떠나기로 결심한다. 그러면서도 원주민인 키쿠유족이 자립하고 거주할 땅을 마련하기 위해 애를 썼다. 그녀는 부유한 유럽인으로서 얼마든지 아프리카를 지배하고 주민들을 착취할 수 있었다. 또한 거기서 떵떵거리며 적당히 주민들을 위하면서 자신의 지위를 굳힐 수 있었다. 하지만 그렇게 하지 않았다.

그녀는 나그네로 케냐 땅에 와서 살았지만 케냐인들을 진심으로 사랑했다. 그녀가 얼마나 진실하게 케냐인들을 사랑했는지는 지금까지도 케냐인들이 그녀의 사랑과 우정을 잊지 못하고 소중한 기억으로 간직하고 있다는 사실에서 확인할 수 있었다. 그녀가 살던 장소를 덴마크 정부가 케냐에 기증하면서 그들은 그곳을 '카렌 블릭센 박물관'으로 이름 짓고 소중하게 관리하고 있다.

카렌은 기독교 선교사는 아니었다. 하지만 그녀의 헌신적이고 희생적인 삶은 선교사의 모습 그 자체였다. 그녀는 삶을 통해 이 땅에서 선교사의 삶을 어떻게 살아야 하는지를 투영해 주었던 것이다. 이 땅 최초의 선교사이신 예수님이 사람의 몸을 입고 오셔서 우리와 동거하시며 우리를 사랑하셨듯이, 주님의 보내심을 받은 수많은 선교사들이 낯설고 물 설은 이방 땅에서 그 땅의 원주민들과 함께 어울리며 그들을 하나님의 사랑으로 사랑하고 우정을 맺으며 살아가는 것, 그것은 시대와 장소를 막론하고 '선교사'란 타이틀을 가진 사람들이 보여 주어야 할 상징 같은 것이 아닐런지.

내가 머물렀던 '홀리스틱 미션'(Holistic Mission)센터에서 생활하고 있는 이은용 선교사님과 또 다른 여러 선교사님들의 삶이 꼭 그랬다. 서구 유럽의 선진국가에 사는 나로서는 한 달도 살아내기 어려운 환경을 그들은 운명처럼 받아들이며 케냐인들과 어우러져 행복하게 살아가고 있었다. 카렌이나 예수님이나 이들 선교사님들이 하나의 모습으로 오버랩되었다.

아프리카를 떠나며(Out of Africa), 나는 다시 한번 내 삶이 어떠해야 하는지 진지하게 성찰해 볼 수 있었다. 자신에게 엄청난 아픔과 씻을 수 없는 상처를 줬던 그 아프리카에서, 아프리카 사람들을 사랑하며 끝까지 자신의 자신됨을 붙잡으려 했던 카렌, 그녀는 아프리카를 떠나서도(Out of Africa) 그 아픔과 상처를 소중한 기억으로 간직하고 있지 않은가. 나 또한 부름받은 선교지를 그렇게 품고 그렇게 바라보고 싶다.

# 평화의 땅 스트라스부르

예장 유럽선교회 선교대회가 열렸다. 나를 비롯해 130여명의 참가자들이 자신들의 사역과 삶을 소개하고 유럽선교의 비전을 나누었다. 초청강사들로부터 다양한 강의를 들으면서 우리의 삶과 사역을 돌아보며 새롭게 회복되는 경험을 했다.

선교대회 기간 중에 스트라스부르와 몽생오딜 수도원을 방문했다. 스트라스부르는 '종교개혁의 안디옥'이라 불리는 도시다. 마르틴 부처가 종교개혁을 한 곳이자 칼뱅이 제네바에서 1차 종교개혁에 실패한 후에 이곳에 와서 3년간 피난 와 있는 위그노들을 위해서 교회를 세우고 목회를 한 곳이다. 칼뱅은 이곳에서 비로소 교회와 목회를 배워서 목회자와 신학자로서의 면모를 갖출 수 있었다고 한다. 실패의 고통스러운 시간이 새로운 도약을 위한 기초가 되었던 것이다.

이밖에도 스트라스부르의 특별한 점은 많다. 프랑스와 독일을 함께 접하고 있는 국경도시이기도 하다. Strassburg. 한때 '스트라스부르크'라고 불렸지만 지금은 '스트라스부르'라는 프랑스어 발음이 더 익숙한 도시다. 독일식과 프랑스식이 교차하는 이곳은 그 지명의 변화만큼이나 역사적 격변을 겪은 곳이다. 프랑스로 치면 동부 알자스주의 도청소재지다. 지금까지 알자스의 주인은 독일과 프랑스가 5~6번이나 번갈아가며 되었다. 20세기에만 3번 바뀌었다. 1919년 1차 세계대전이 끝나면서 프랑스로 넘어왔다가 2차 대전 중 나치 독일로 넘어갔으며 독일이 패전하던 1944년 11월에 다시 프랑스가 되찾아왔다. 1871년 보불전쟁의 결과 프로이센(독일) 제국에게로 넘어갔던 역사적 경험이 알퐁스 도데의 단편 '마지막 수업'의 배경이 되었다.

알자스 지역 전체를 한눈에 내려다볼 수 있는 곳에 몽셍오딜(Mont Saine Odile) 수도원이 자리하고 있다. 마치 알자스의 평화를 염원하고 있는 듯한 형상이다. 스트라스부르의 역사를 들으며 그 수도원에 서서 하나님의 평화를 간구했다. 그리고 그 평화가 여전히 분단과 대결 속에 있는 한반도에도 임하기를 기도했다.

나는 예장 유럽선교회 산하의 예장유럽한인교회협의회를 비롯한 여러 조직을 이끌고 섬기는 일을 맡고 있다. 이번 선교대회 기간엔 자료 준비와 정리, 회의 인도를 하면서 동역자들의 고뇌와 갈등, 그들의 현실과 미래 등에 대해서 듣고 함께 나누는 시간을 가질 수 있었다.

파리에서 이곳까지 500㎞가 넘는 거리를 자동차 운전을 하느라 고단한 데다 집회와 회의로 잠자는 시간까지 부족했지만 동시대 같은 유럽 땅에서 같은 꿈과 고뇌를 안고 살아가는 동역자들과의 만남은 내 마음에 행복, 회복, 치유의 기쁨을 한아름 안겨다 주었다. 무엇보다 나 자신이 참 행복한 사람이라는 것을 새삼스레 깨달을 수 있었다. 좋은 교회, 좋은 교우들, 좋은 가정이 있고, 동료들의 사랑을 받고, 총회의 기대와 인정을 받으며 평안하게 사역을 하고 있으니 이 얼마나 행복한 사람인가. 그러면서 나만 행복하지 말고 나를 만나는 이들에게도 이 행복을 나누어 줄 수 있게 되기를, 주님 앞에서도 부끄럽지 않고 "잘했다 착하고 충성된 종아"라는 칭찬을 들을 수 있는 사역자이기를 진심으로 기도했다.

대회를 마치고 파리로 돌아오면서 주님이 나와 우리 가정과 교회를 통해서 행하실 일들을 생각하니 기대와 감사가 절로 나왔다. 하나님이 괜한 축복을 우리에게 부어주신 게 아니기 때문이다. 더 많은 사람들을 섬기고, 더 많은 동역자들과 협력해서 마침내 하나님 바라시는 유럽 선교의 목적을 완수하기 위함이라는 걸 알기 때문이다.

파리에 돌아오자마자 곧바로 중요한 집회가 기다리고 있었다. 하스데반 선교사님이 인도하는 올네이션스 경배와 찬양이다. 이 분들을 통한 성령의 기름부으심과 치유, 회복의 시간들이 너무나 기대되었다. 짧은 시간에 이 집회를 준비하느라고 분주하게 보냈을 교우들의 모습이 안봐도 눈에 선했다. 누가 있건 없건 맡겨진 일에 충성스런 모습을 하나님은 분명 기억하시고 복 주실 것이다.

우리 교회는 페이스북을 통해서도 소통하고 있다. 교회를 알리기보다는 교회에 몸담고 있거나 교회를 거쳐간 이들과의 소통을 위한 것이다. 거기에 내가 약속을 했다. 올네이션스 경배와 찬양 광고를 보고 '좋아요'를 누른 사람이 500명이 넘으면 내가 월남국수를 쏘기로 청년부에 약속을 했는데, 그게 교회 페이스북에 뜬 것이다. 담임목사의 대접을 받고 싶어 하는 청년들의 간절한 마음을 헤아려본다. 그러면서도 긴축해야 할 주머니 사정을 생각하며 나는 조용히 이렇게 기도드렸다. '주여, 페이스북 '좋아요'를 499명까지만 누르게 해 주세요!' 새벽 4시에 잠에서 깨어 확인해 보니 '좋아요'를 누른 사람이 436명이다, 다시 간절히 기도했다, '주님, 제발 499명까지만…,'

# 코트디부아르의
# 작지만 큰 교회

코트디부아르 아비장 한인교회 집회를 인도했다. 그리고 이 교회가 개척한 현지인 교회들과 이 교회가 설립한 선지동산 코트디부아르 장로교신학교를 방문하고 돌아왔다. 아비장 한인교회는 본래 150명 정도 모이는 교회였으나 내전을 겪으면서 한인들이 대부분 떠나고 이제는 50여 명의 교인들이 모이는 작은 교회가 되고 말았다.

아프리카 서부해안에 위치한 코트디부아르는 '상아 해안'으로 유명하다. 상아를 유럽에 수출했기 때문이다. 17세기 중반부터 프랑스의 식민지배를 받다가 제2차 세계대전 후 드골이 식민지 폐기선언을 하면서 1960년 8월 정식으로 독립했다.

1990년대까지 정치적 안정과 경이적인 경제 성장을 기록하던 코트디부아르는 1999년 12월 정권에 불만을 가진 일부 군인들이 쿠데 타를 일으키면서 혼란 속으로 빠져들었다. 국민들의 거센 항의운동 으로 다시 민선 대통령이 들어섰지만 2002년 4월 반대 측 정치인의 쿠데타, 이듬해 군개혁에 불만을 품은 일부 군인들의 쿠데타가 이어 지면서 사태는 반군과 정부군의 내전으로 비화했다. 일부 군인들이 반란을 일으킨 장소가 바로 아비장이다. 내전은 이후 몇 개국의 중 재로 2003년 7월 정전 선언으로 종결되는 듯 했지만 북부 지역을 반 군이 차지하는 사실상 대치 상태가 이어지면서 2011년 대선 결과에 대한 정부군과 반군의 총격전으로 수십 명이 사망했다. 유엔 평화유 지군이 주둔하고 있지만 상황은 여전히 불안하다.

이처럼 아픔을 간직한 코트디부아르의 아비장은 남동부 해안의 경제수도이자 최대 도시라고 할 수 있다. 한때 '아프리카의 파리'라 는 명성도 얻었었다. 이런 지리적 위치 때문에 아비장은 또한 서아 프리카 선교의 중심지로 자리매김하고 있다.

거기서 백성철 목사님 내외분과 두 분 장로님들, 권사님, 집사님 들을 만나면서 마치 사도행전 시대의 인물들을 대하는 듯한 감동을 느꼈다. 이 한인교회는 비록 모이는 숫자로는 작은 교회에 불과하 지만 그들이 행하는 사역은 수천 명이 모이는 대형교회보다 더 크고 놀라웠던 것이다.

이 교회는 지난 17년 동안 120개 현지인 교회를 개척했다. 그 교 회들은 도시와 농촌에 골고루 건축되었다. 지도자들을 양육하고 세 우기 위해서 신학교도 설립했다. 코트디부아르뿐만 아니라 아프리카의 다른 나라에서도 이 신학교로 유학을 올 정도로 훌륭한 신학교가 되어 가고 있다. 이 교회는 작지만 큰 교회였다. 이 작은 교회가 이토록 큰 영향력을 끼치고 있다니 그저 놀라울 뿐이었다.

코트디부아르는 불어권이다. 그럼에도 불어권의 종주국인 프랑스 교회나 프랑스에 있는 한인교회와는 협력이 거의 없었다. 대부분 한국과 미국의 교회들과 선교협력을 해 왔던 것이다. 그 이유는 직접 듣지 않아도 어렴풋이 알 것 같았다. 피식민지 입장에서는 독립을 하더라도 식민지 국가에 대해 긍정적이거나 협조적인 자세를 취하기가 어렵다. 36년의 일제 식민지를 경험한 우리가 여전히 일본에 대해 '반일 감정'을 가지고 있는 걸 보면 쉽게 알 수 있다. 하물며 수백 년 동안 프랑스 식민지였고, 지금도 내전 사태에 개입하고 있는 프랑스를 향해 코트디부아르 국민들이 좋은 감정을 가지기는 쉽지 않은 것이다.

누가 코트디부아르의 영혼들을 위로해줄 수 있을까? 누가 그들의 상처난 마음을 싸매줄 수 있을까? 그들과 똑같이 식민지 경험을 하고, 그들과 똑같이 전쟁을 겪어보고, 그들과 마찬가지로 독재에 시달려본 우리 한국의 크리스천들이 아닐까.

그래서였을까. 아비장과 우리 교회의 만남은 그들에게 마치 목마르게 기다리던 단비를 만난 격이었다. 물론 우리에게도 그토록 기도하고 기다리던, 하나님이 예비해 두신 멋진 선교현장을 발견하는 축복이 주어졌다. 비록 교단이나 대형교회의 지원 같은 거창한 협력은 아니지만 이 작은 협력을 통해 하나님이 크고 멋진 사역을 펼치시리라 기대한다.

  크고 거창한 것도 그 나름대로 선교 현장에서 필요하지만 우리처럼 작고 소박한 발걸음도 그들의 마음을 위로하는 데 요긴하다고 생각한다. 그러면서 우리 교회에 대해서도 새로운 꿈을 꾸게 된다. 작지만 큰 교회의 비전, 그것을 배우고 헌신하고 쓰임 받는 꿈을 꾼다. 예수님도 겨자씨 비유를 통해 적은 믿음이 이뤄내는 기적을 역설하셨다. 적은 믿음이지만 큰 역사를 이루는 교회, 작은 교회지만 큰 사역을 펼치는 교회를 이뤄가고 싶다.

# 한불 선교 협정

유럽은 과거 기독교 국가였던 지역이다. 유럽 기독교가 점점 쇠퇴하고 있긴 하지만 아직도 저력을 가지고 있는 것도 사실이다. 나는 프랑스 사역을 시작하면서 이곳은 제3세계 지역과는 매우 다른 선교 현장임을 보게 되었다. 이들의 기독교 역사와 전통, 현재 존재하고 있는 교회를 무시하고 우리들의 방식으로 선교하려는 것은 오만과 무지의 소치라고 생각한다. 이곳에서 해야 하는 선교는 이미 존재하고 있는 프랑스교회와 협력하고 그들에게 배우고 그들을 깨워 그들이 다시 일어나서 재부흥하도록 돕는 것이다.

나는 1997년에 프랑스개혁교회(ERF) 총회의 문을 두드렸다. 그들은 호의적으로 맞아 주었고 선교협정 의사를 밝히기도 했다. 관련 문서도 준비했다. 파송교회와 총회세계선교부에 보냈지만 결국 그 일은 성사되지 않았다. 그 때문에 프랑스개혁교회는 한국의 다른 교단과 선교협정을 맺었다.

교회를 개척해 한창 목회에 열중하고 있던 2007년에 또 다른 기회가 찾아왔다. 프랑스 중남부 리용 지역의 프랑스개혁교회들이 자신들의 교회를 팔아 신도시에 새로운 교회를 건축하던 중이었는데, 30만 유로가 모자라서 건축을 중단할 상황이라는 것이다. 이 소식을 프랑스개혁교회 소속 한국인 최숙희 목사를 통해 전해 듣고 파리의 한 카페에서 그들을 만났다. 나는 그 일을 돕는 것이 프랑스 교회 재부흥을 위해 선교적 가치가 있다고 판단했다.

몇 주 후에 서울교회 이종윤 목사님이 파리를 방문하게 되어 15구에 있는 한인식당에서 프랑스교회 대표들과 만나는 자리를 만들었다. 그 자리에서 나는 한불선교협정을 맺어야 하고, 그런 공적인 관계를 통해서 재정 지원이 이뤄져야 한다고 설명했다. 이 목사님과 프랑스 대표도 동의했다. 그 해 여름 프랑스개혁교회는 대표단을 구성해 한국에 파견했다. 이 목사님과 새문안교회 이수영 목사님이 애를 써서 우리 교단의 명성, 서울, 새문안, 소망, 영락, 광주 서림교회 등이 재정 지원을 약속하고 이행까지 하게 되었다. 또한 서울교회는 프랑스개혁교회 목회자 30명을 초청했다. 이것이 프랑스개혁교회가 한국교회를 새롭게 바라보는 결정적인 계기가 되었다.

이렇게 다시 시작된 한불선교협정 논의는 그로부터 5년이 지나서야 결실을 보게 되었다. 좋은 일일수록 더 많은 정성이 필요하다고 생각하며 그 기간 내내 기도하며 기다려야 했다. 그러는 동안 프랑스개혁교회 내에서는 격론이 일어났다. 이미 한국의 한 교단과 협정을 했으니 다른 교단과 다시 새로운 협정을 맺을 필요가 없다는 입장과 우리 교단과도 협정을 맺어 실질적이고 폭넓은 선교협력을 해야 한다는 입장이 팽팽히 맞섰다.

한국의 우리 교단에서도 논란이 있었다. 이미 우리 교단이 30개국 이상의 교회들과 협정을 맺고 있는 상태이니 프랑스개혁교회와 선교협정을 하지 않겠다는 총회 실무자들의 입장과 프랑스교회와의 선교협력을 통해서 프랑스와 유럽과 불어권 아프리카 선교를 활성화해야 한다는 교계 어른들의 입장이 맞섰던 것이다. 이런 상황에서도 우리 교회는 칼뱅 탄생 500주년 행사에 재정·인력·기술 지원으로 적극 참여했다. 프랑스 교계 지도자들을 식사자리에 초청해 개인적인 관계를 만들어 나갔다. 한불연합예배도 진행해 나갔다.

불가능하게 보였던 한불선교협정이 마침내 이루어졌다. 2011년 6월 3일 프랑스개혁교회 오를레앙 총회에서 양 교단의 대표인 김정서 총회장님과 슐람베르제 총회장님이 협정서에 사인을 한 것이다. 놀라운 것은 오를레앙 총회는 프랑스개혁교회라는 이름으로 모이는 마지막 총회이며 이 협정도 그 이름으로 맺는 마지막이 되는 역사적 협정이라는 것이다. 2012년부터는 프랑스개혁교회와 루터교회가 한 교단이 되기 때문이었다. 하나님께서 이런 놀라운 의미를 주시려고 이 일을 지연시키신 것 아닌가 하는 생각이 들자 그동안 조바심을 냈던 내 모습이 부끄러워졌다. 이듬해인 2012년 9월에는 프랑스개혁교회 임원들이 서울에서 열린 우리 교단총회에 참석했다. 거기서 새로 만들어진 프랑스개신교연합교단의 이름으로 더 구체화된 협정서에 사인함으로 한불선교협력은 새로운 장을 열게 되었다.

한불선교협정이 있은 후부터는 모든 것이 물 흐르듯 자연스럽게 진행됐다. 장신대와 파리신학교의 자매결연이 이루어졌고, 프랑스개신교연합교단에서 하는 행사에 공적 신분으로 참여하게 되었고, 장신대에서 오는 방문 팀들을 프랑스교회가 공적으로 영접하고 안내하게 되었다.

얼마 전 프랑스개신교연합교단의 파리지역 총회장인 베트랑 까즈노브와 식사를 하게 되었다. 그로부터 선교센터로 사용할 수 있는 공간을 제공하겠다는 약속과 더불어 프랑스교회를 목회할 수 있는 한국인 목회자를 보내달라는 요청도 받게 되었다. 참으로 놀라운 일이 아닐 수 없었다. 서로가 가진 것들을 나누고 공유하며, 서로의 부족한 점들을 채워나감으로 한불 교회가 하나님 나라 선교의 멋진 파트너십을 발휘하기를 기대한다.

# 삶이 곧 설교이며 선교다

 2월 말 서부 아프리카 코트디부아르의 날씨는 적도 더위의 정점을 향해 치닫고 있었다. 우리 일정은 크게 두개로 나누어졌다. 전반부는 사쌍드라라는 도시에서 청소년 캠프를 진행하고, 나머지 한 주간은 아비장 근교에 있는 도시교회와 시골 원주민 마을에 들어가서 의료봉사와 축호전도, 거리공연을 진행하는 것이었다.
 사쌍드라로 이동하는 길은 상상을 초월할 만큼 험하다. 내전 이후에 망가진 도로를 보수하지 않아서 250km 거리를 8시간이나 가야 하는 곳이다. 버스는 움푹하게 패인 곳을 만날 때마다 속도를 줄이고 계속해서 좌우로 심하게 흔들린다. 게다가 버스는 냉방도 안 되고 쿠션도 없다. 연소되지 않은 매연가스가 차 안으로 마구 들어온다. 팀원 중에는 중고등학생들이 네 명이나 있다. 그렇지만 누구도 그 상황을 불평하지 않고 오히려 즐기며 이겨보려는 모습이 대견스럽기만 하다. 누가 요즘 젊은이들은 고생을 싫어하고 그저 약해 빠졌다고 말했는가!

도착하여 다음날 맞이할 100명의 청소년들을 위한 교실에 여장을 풀었다. 잠이 들었는데 밤새 천둥번개를 동반한 소나기가 내렸다. 다음 날, 그곳 사람들은 지난 3개월 동안 비 한 방울 오지 않던 땅에 우리 파리 팀이 축복의 비를 몰고왔다며 기뻐했다. 덕분에 캠프 내내 바람이 불고 구름이 햇빛을 막아 주어서 환상적인 날씨 속에 캠프를 진행할 수 있었다. 이스라엘 백성들이 광야에서 경험한 구름기둥이 바로 이런 것이었으리라. 캠프에 참여한 청소년 중 상당수는 모슬렘들이지만 그들도 모든 순서에 진지하게 참여했다. 스스로 마음을 열고 주님께로 돌아오는 아이들도 여럿이나 있었다.

다음 주 진행된 도시 교회와 시골마을 사역은 구름기둥이 없는 가운데 펼쳐졌다. 현지인도 견디기 어렵다는 뜨거운 햇볕 아래 하루종일 사역이 이어졌다. 자원봉사를 나온 현지인 의사들과 함께 3일 동안 1500명을 진료했다. 모인 사람들에게 복음도 전하고 마을로 들어가 가정 방문을 하며 빵과 음료를 나누어 주기도 했다. 즉석 거리 공연도 펼쳤다. '예수님 당시 갈릴리에서 제자들의 전도사역이 이런 것이 아니었을까'라는 생각도 해 보았다.

아비장 백성철 목사님은 상기된 목소리로 시골 사람들에게 이런 일은 평생에 한번 올까 말까 하는 행운의 기회라면서 우리 팀을 연신 격려해 주셨다. 우리에게는 흔하고 하찮은 것도 그들에게는 희

귀한 행운이 된다고 하니 어찌 무덥다고 적당히 할 수 있겠는가. 칭찬은 고래도 춤추게 한다는데 그런 놀라운 칭찬과 격려의 말을 듣고 어찌 주저앉을 수 있겠는가. 더위를 무찌를세라 더 힘을 내 움직였다.

그 과정에서 참으로 소중한 일이 일어났다. 우리 일행의 수송을 위해서 빌려온 버스 기사 청년이 회심을 한 것이다. 그는 전도 대상도 아니어서 신경을 못 썼는데 직접 우리를 찾아왔다. "나도 당신들이 믿는 예수를 믿고 싶어요." 왜 그러느냐고 물으니 이렇게 대답하는 것이었다. "나는 하루 종일 당신들이 하는 일을 보았어요. 우리 원주민 아이들을 자신의 아이들처럼 가슴에 품고 돌봐주는 당신들의 모습, 빵과 약품을 나누어 주는 모습, 모두 피곤하고 지쳤을 텐데 주변을 정리하며 쓰레기를 치우는 모습을요."

그는 교회 사무실에 들어와 주님을 영접하는 기도를 따라했다. 기념 선물로 준 성경을 받아들고 자신의 가족들에게도 복음을 전하겠다며 활짝 웃는 얼굴로 돌아갔다. 그 순수한 모습을 보며 '선교는 그리 거창한 것이 아니다'는 확신이 들었다. 어려운 환경 속에서도 불평하지 않고 그들에게 보여 준 사소한 행동 하나가 모슬렘 청년으로 하여금 마음 문을 활짝 열고 복음을 받아들이게 만든 것이다. 반대로 우리가 무심코 보여 주는 사소한 행동 하나가 그들의 마음을 영원히 닫게 만들기도 할 것이다. 잘 구성되어 명쾌하게 전달되는 설교나 프로그램만큼이나 우리가 무심코 드러내는 표정과 행동도 큰 호소력을 가진 사역이 된다는 것을 가슴으로 배우는 시간이었다.

삶이 곧 설교라는 것은 이런 걸 두고 하는 말이리라.

숙소인 교회로 돌아오니 교회를 지키던 개 두 마리가 우리를 반겼다. 매년 우리를 반기며 적으로부터 교회를 지켜내던 복돌이는 이제 죽었고, 새로운 녀석들이 그 자리를 대신한 것이다. 사람보다 신실하게 교회를 지키는 사명을 감당한 복돌이에게 집사라는 거룩한 직위를 내리고 그 녀석을 '복 집사'라고 불렀었다. 한 해 전에 이미 그 수명이 다해 가고 있음을 보았지만 막상 복 집사가 반기지 않으니 허전한 이 기분은 도대체 무엇인가.

백 목사님에 의하면 복 집사는 일생을 교회와 목사님을 지키는 일에 충성을 다했다고 한다. 그리고 마지막 죽는 순간까지도 주인의 마음을 헤아렸다는 것이다. 목사님과 교인들은 복 집사가 죽는 순간을 차마 볼 수 없으니 그들이 없을 때 죽게 해달라고 기도하곤 했다는데, 실제로 모두가 출타했다가 돌아오는 동안에 죽음을 맞이했다는 것이다. 미물에 불과한 복 집사가 저토록 충성스럽게 주인을 섬겼는데 나는 나의 주인이신 우리 주님께 제대로 충성을 하고 있는가? 나는 주님 보시기에 복 집사처럼 칭찬받는 존재일까?

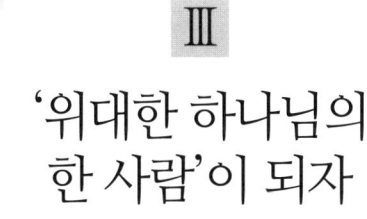

# Ⅲ
# '위대한 하나님의 한 사람'이 되자

# 우리 사명은
# 마중물이 되는 것이다

새벽 3시에 잠자리에서 일어났다. 주말과 주일 일정으로 녹초가 된 몸이었지만 독일 개신교 경건주의의 본거지인 헤른후트(Herrnhut)를 간다는 벅찬 마음이 지친 몸을 벌떡 일으켜 세운 것이다. 샤워를 하고 주일 설교 준비를 위한 개요를 작성한 후에 새벽 5시에 승용차를 몰고 독일로 출발했다. 파리에서 목적지까지 1200km가 넘는 거리다. 50대 중반의 나이에 그 거리를 하룻날에 운전한다는 것은 무리한 일이었지만 유럽 생활 22년 만에 이제야 가보게 되는 기독교 부흥의 산실에 대한 사모함으로 기꺼이 장거리 운전에 도전했다.

프랑크푸르트에 도착하니 열두 시였다. 점심을 먹은 후 임재훈, 장광수 목사를 태웠다. 임 목사는 한국에 보내야 할 급한 원고 작업과 몸살을 앓고 있음에도 불구하고 합류했고, 장 목사는 드레스덴에 사는 박 선교사와의 만남을 주선하고 헤른후트에 대해 안내해 주기 위해 동행했다. 간만에 친한 목사들끼리 함께해서인지 시간 가는 줄 모르고 다시 600㎞를 달렸다. 기독교 미술사 전문가인 임 목사가 생각이 떠오를 때마다 간간히 들려주는 회화, 조각, 건축 이야기는 여행의 맛을 더해 주었다.

　7시에 드레스덴에 도착했다. CMI 선교사인 박영철 목사님이 자신의 사업처에서 우리를 기다리고 있었다. 그는 안마 마사지 기계를 판매하는 사업장을 운영하면서 독일인들에게 자비량 선교를 실천하고 있었다. 그는 독일 전통 레스토랑인 ShillerGarten에 우리를 초대했다. 그는 이동하는 시간과 식사 중에 특유의 부산 사투리와 열정적인 언변으로 드레스덴의 역사와 독일 기독교 경건주의 역사에 대해 설명해 주었다. 그의 설명에는 들어서 전하는 것이 아니라 삶으로 체득한 것을 전하는 깊은 맛이 있었다. 그 덕에 책 몇 권은 탐독해야 알 수 있는 지식을 풍성하게 얻을 수 있었다.

　드레스덴은 작센 왕조의 수도였고, 욕심꾸러기로 유명한 군주 프리드리히 아우구스트가 지배했던 곳이다. 그가 남긴 건축물들이 오늘날 관광명소가 되어 있는 도시다. 동서독이 통일하는 데 라이프치히와 더불어 중요한 역할을 한 도시다. 이곳에서 1989년 10월에 시작된 평화시위가 동독 전역에 확산되었고, 그후 한 달 만인 11월 9일에 베를린 장벽은 무너지고 말았다. 우리 민족에게도 이런 날이 올 수 있을까.

이 도시를 방문한 더 중요한 이유는 따로 있다. 이곳은 개신교 경건주의의 아버지라고 불리는 필립 스패너가 궁중 수석 설교자로 사역한 곳이고, 할레 대학을 세운 아우구스트 프랑케가 그 필립 스패너를 만난 도시다. 헤른후트 모라비안 공동체를 이끌며 세계선교와 세계 부흥 운동의 물꼬를 튼 진젠도르프 백작의 고향이기도 하다.

진젠도르프 백작은 개신교 신앙을 찾아 드레스덴에 이주한 남부 오스트리아 귀족 집안의 후예였다. 그의 아버지는 작센 선제후국(選諸侯國)의 장관이었고 필립 스패너를 열렬하게 지지했던 외할머니의 영향을 받았다. 진젠도르프는 할레 대학에서 어린 시절을 보내면서 프랑케와 깊은 유대를 맺었다. 다섯 명의 친구들과 '겨자씨 모임'을 결성하고 활동하면서 복음전도와 세계선교의 꿈을 일구어 나갔다. 1719년 그가 네덜란드와 프랑스로 연구여행을 떠나던 중에 들른 뒤셀도르프에서 이탈리아 화가 도메니코 페티(Domenico Feti)가 그린 십자가에 달리신 예수 그리스도의 모습과 그 작품에 기록된 "내가 너를 위하여 이것을 당했건만 너는 나를 위하여 무엇을 하였느냐?"라는 글을 보고 순간적으로 신비체험에 들어간 후에 회심을 경험하게 된다. 그리고 자신의 일생을 주님을 위해서 바치게 된다.

그는 로마 가톨릭 교회와 보헤미아 국가 교회의 박해를 피해서 도망 나온 얀 후스의 후예들인 '형제단'(The Unity of the Brethren)을 영접하고 자신의 영토인 헤른후트를 그들에게 제공하면서 세계 부흥과 세계선교 운동의 산실이 되는 기독교 공동체를 시작하게 되었다.

독일엔 이런 개신교회의 보화들이 곳곳에 존재한다. 그들의 무표정한 분위기, 딱딱한 말투, 큰 덩치가 부담스럽기도 하지만 그들의 진지함, 열정과 영성, 개신교회의 역사는 나로 하여금 깊은 친밀감을 갖게 만들었다. 이번 탐방에서 나는 독일 땅에 깊숙하게 숨어 있는 그 옛날 역동적으로 숨쉬던 역사와 믿음과 영성의 보물들을 캐내고 싶다는 열정이 생겼다. 마치 금광을 캐듯이 말이다.

박 선교사는 "우리의 사명은 마중물이 되는 것이지요"라고 했다. 우리는 멋진 만찬을 마무리하면서 우리가 유럽에서 감당해야 하는 사명을 '마중물 역할'이라고 정의했다. 2000년 기독교 역사와 500년 개신교 역사를 꽃피웠던 유럽 땅에서 동방의 고요한 나라 출신인 우리가 할 수 있는 선교적 역할은 무엇일까? 이 땅의 교회와 성도들의 신앙은 다 변질되어 죽었으니 갈아엎고 우리가 가져온 신앙과 영성을 심어야 한다는 오만한 생각을 버리고, 이미 이들이 경험했고 지금도 가지고 있으나 잠들어 있는 영적 자산들을 새롭게 뽑아내는 마중물의 역할을 겸허하게 감당하는 것이 우리를 이 유럽 땅에 보내신 주님의 뜻일 것이다.

# 진젠도르프처럼

드레스덴의 엘베 강변을 산책한 뒤에 나는 곧바로 최종 목적지인 헤른후트를 향해서 속도를 냈다. 엘베 강은 독일과 체코 국경에 있는 리젠 산맥에서 발원하여 드레스덴과 브레멘, 함부르크를 거쳐 북해로 흘러 나가는 강이다. 헤른후트로 가는 길 주변엔 전형적인 독일 시골 풍경이 펼쳐져 있다. 헤른후트는 독일 변방의 작은 도시로 도시라기보다는 조금 큰 마을처럼 보였다.

드레스덴 왕가의 법률 고문으로 일하던 진젠도르프 백작은 30년 전쟁 당시에 가톨릭교회의 박해를 피해 모라비아에서 탈출해 온 피난민 300여 명에게 자신의 땅을 제공했다. 그러면서 그의 인생은 완전히 새로운 국면을 맞이한다. 그는 그 지역의 이름을 헤른후트(주님이 보호하시는 곳)이라고 이름 짓고 그들을 돌보는 일을 하다가 결국에는 본인이 헤른후트 공동체를 이끄는 영적 지도자가 되었다. 이렇게 시작된 헤른후트 운동을 통해 24/7(하루 24시간, 1주일 7일) 기도회가 100년 이상 지속되었고, 3000명의 선교사를 파송하는 세계선교의 산실이 되었다. 그뿐만 아니라 존 웨슬리, 웨일즈 부흥, 미국의 부흥운동, 1907년 평양 대부흥운동에 영향을 주었다. 여기서 시작된 평화를 위한 기도회가 독일 통일에 기여했고, 매년 말씀집을 발간하여 말씀묵상과 예배에 집중하는 것을 생활화했다. 그 말씀집은 지금도 매년 발간되고 있다. 나는 2018년 프랑스어 판 말씀묵상집을 기념으로 구입했다. 그러면서 매일 말씀을 읽고 묵상하는 일을 시작했다.

이런 기대를 잔뜩 안고 헤른후트에 들어서서인지 나는 마을 초입에서부터 역동적인 생명의 기운이 밀려오는 것을 느낄 수 있었다. 가장 먼저 박물관을 찾았다. 거기엔 300년 전 헤른후트 선교사들이 전 세계에 나가 복음을 전하면서 수집해 온 작은 물건들이 전시되어 있었다. 그들은 하와이와 알래스카까지 나가서 선교사역을 감당했다. 그 중 한국과 일본은 빠져 있었다. 독일 출신이면서 할레 대학을 나온 구츨라프 선교사가 충청남도 고대도라는 섬에 들어가서 주기도문과 감자를 보급했고, 그가 조선에 들어온 최초의 선교사였다는 사실로 아쉬움을 달랠 수밖에 없었다.

그 다음에 찾은 모라비안 형제 교회는 내게 신선한 충격을 주었다. 예배당 전체가 하나님의 영광을 상징하는 흰색이었고, 유일하게 강단만이 생명을 상징하는 초록색이었다. 이토록 단순하면서 이토록 강력한 메시지를 담은 교회가 전세계에 또 있을까? 이 예배당은 그들의 삶을 그대로 투영해 주고 있었다. 그들의 신앙을 증언하고 있는 셈이다. 그들은 생명의 근원인 하나님의 말씀과 만물의 존재 목적인 '하나님께 영광'이라는 두 가지 본질적 가치에 온전히 헌신한 사람들이었던 것이다. 단순함을 통해서 본질에 집중하므로 나오는 영적 능력이 3000명의 선교사들을 전세계에 파송하는 기적을 이루게 한 것이다. 난방장치가 없어서 냉기로 가득한 예배당이었지만 그 흰색 의자에 앉아서 잠시 기도를 드리는 순간 전율이 온 몸을 감싸는 걸 느낄 수 있었다. 성령의 감동인지 아니면 하나님의 역사하심이 충만했던 예배당에서 받은 심리적 감동 때문인지는 모르겠지만 뭔가 내 마음 저 밑바닥에서 뜨거운 것이 올라오고 있었다.

  서점에서 모라비안 교회의 역사와 진젠도르프의 생애와 리더십 관련 책을 몇 권 구입한 뒤 24/7 기도회의 현장인 '예수의 집'(Jesus Haus)으로 갔다. 소박한 뜰을 지나 건물 안으로 들어갔다. 지난 35년간 기도를 목회와 사역의 가장 중요한 비결로 여기며 사역해 온 나로서는 가장 보고 싶은 곳이 바로 이곳이었다. 기대가 이만저만이 아니었다. 그들이 기도하던 장소, 그리고 그들이 지금도 기도하고 있는 그 자리에 앉아서 나도 꼭 기도하고 싶었기 때문이다. 그런데 실망스럽게도 건물 안엔 아무도 없었다. 외부행사가 있어서인지 대부분의 문이 잠겨 있었고, 기도실은 유리창 너머로 3분의 1 정도만 보일 뿐이었다. 커다란 아쉬움을 뒤로한 채 다음 장소로 이동해야 했다.

마지막으로 우리가 찾은 곳은 묘지였다. 우리 같은 목회자들이 여행을 하면서 가장 많이 찾아가는 곳이 예배당과 무덤이라고 하는데, 이번에도 결국에는 묘지를 방문하는 것으로 일정을 마무리하게 된 것이다. 묘지로 들어가는 20미터의 길은 멋진 가로수로 장식되어 있었다. 그 길을 따라 올라가 '그리스도는 죽은 자들 가운데서 살아나셨다'(Christus ist auferstanden von den toten)는 글귀가 선명한 입구의 문으로 들어가면 부활의 소망 가운데 잠들어 있는 성도들의 평토장한 무덤 수천 개가 중앙 길 양쪽으로 정렬되어 펼쳐져 있다. 직업과 삶을 통해서 자신들의 신앙을 증언하려고 했던 참으로 신실하고 위대한 그리스도인들의 무덤인 것이다.

묘지 길 중간에 놓인 몇 개의 나무 뚜껑을 걷어내자 진젠도르프 백작의 석관묘가 나왔다. 보장된 신분과 삶을 포기하고 주님의 뜻을 따라 한 알의 밀알이 되어 살았던 주님의 사람이 누워 있는 곳. 거기서 우리는 그의 좌우명을 떠올려 보았다. '나에게 유일한 열망, 그것은 예수, 오직 예수입니다'(I have one passion: it is Jesus, Jesus only). 그리고 자문했다. 나도 저렇게 살 수 있을까?

헤른후트의 모라비안 교회 내부 모습

# 내 주는 강한 성이요

 종교개혁 500주년을 한 해 앞둔 때였다. 나는 독일에서 열린 예장 교회협의회에 참석했다. 종교개혁 500주년을 기념해 루터의 종교개혁에 관한 내용을 교단 신문에 연재하고 책을 낼 목적에서였다. 2박 3일 동안 루터의 발자취를 따라가면서 개혁자의 삶을 반추할 소중한 기회를 가질 수 있었다.
 독일은 어디를 가나 종교개혁 500주년 행사와 손님 맞을 준비로 바빠 보였다. 독일은 루터교가 국교인 루터의 나라다. 가는 곳마다 루터의 흔적이 있다. 심지어 동독이 공산주의에 의해 점령되었을 때도 그들은 루터의 동상과 유적만큼은 잘 보존해왔다고 할 정도다.
 독일의 종교개혁은 어거스틴 수도회의 수도사였던 마르틴 루터가 1517년 10월 31일에 비텐베르크 성곽교회 북쪽 문에 95개조의 논제를 붙이면서 시작되었다. 그 95개의 논제 중 몇 개만 추려보면 이렇다. 교황은 그 직권에 따라서나 교회의 칙령에 따라서 부과하는 징벌 외에 다른 아무것도 용서할 수 없다, 교황의 면죄부를 삼으로써 사람이 모든 징벌에서 해방받고 행복해진다고 말하는 면죄부 판매 권유자는 그릇되다, 헌금 궤에 떨어진 돈이 쩌렁 소리를 내자마자 연옥에서 영혼들이 올라온다고 하는 사람들은 교설(狡說)을 설교하는 것이다, 어떤 크리스천이든 자기의 죄에 대하여 참된 회개를 하는 사람은 면죄부 없이도 형벌과 죄책에서 완전히 면제받는다, 평화가 없는데도 "평화" "평화" 하고 말하는 모든 예언자들은 사라졌으면 좋겠다, 그러나 십자가 없는 곳에 "십자가" "십자가" 하고 그리스도 백성들에게 말하는 예언자만이 축복을 받을 것이다.

결국 루터는 이 지극히 성경적인 논제 때문에 보름스 의회에 출두해 자신의 입장을 철회할 것을 강요받았다. 하지만 루터는 "내 양심은 하나님의 말씀에 잡혀 있다. 나는 아무것도 철회할 생각이 없다"면서 신앙 양심을 따라 소신을 굽히지 않았다.

루터는 교황으로부터 받은 파문장을 불태우고 그 자리에 참나무를 심었다고 한다. 지금도 비텐베르크 끝자락에 참나무 현장이 그대로 보존되어 있다. 이토록 담대하고 용감한 개혁자였지만 항상 목숨이 위협받는 상황을 살아가면서 그는 우울증에 자주 시달렸다고 한다.

루터에게 우울증과 함께 주어지는 영적 고통이 얼마나 극심했는지 루터는 "지옥과 같다"고 자주 말했다고 한다. 그러니 어떤 말로도 그 상태를 적절히 표현할 수가 없는 것이다. 하지만, 그 끔찍했던 영적 고통은 그를 더욱 연단의 장으로 나아가게 했고, 깊은 신앙의 경지에 이르게 했다. 고난 속에서 하나님의 말씀이 보다 명료하게 이해됐던 것이다. 특히 루터는 시편 연구를 통해 신비한 영적 체험을 자주 했다고 한다. 가령 시편 22편에 나오는 "나의 하나님 나의 하나님, 어찌하여 나를 버리셨나이까?"라는 구절 속에서 그는 '거룩하신 아버지시여, 왜 당신의 사랑을 나에게 숨기시고 이처럼 나에게 가혹하시나이까?'라는 자신의 고민과 한탄을 보게 됐다는 것이다.

루터는 특히 십자가를 통해 자신의 사랑을 계시하신 하나님을 두고 '숨어 계신 하나님'이라고 생각했다. 숨어 계시는 하나님 앞에 인간은 당황할 수밖에 없고, 고통을 겪을 수밖에 없다는 것이다. 루터는 시편에서 고난당하는 예수를 통해 '십자가의 신학'이라는 소중한 생명수를 길어 올리기도 했다. 그리스도께서 우리의 죄를 위해 고난을 받으셨고, 자신의 의를 입혀주시기 위해 고통을 감내하셨다는, 바로 오늘날 기독교 복음의 핵심이다.

루터는 또한 교회 성곽을 보면서는 예수께서 자신에게 강한 성이 되어 주시고 방패와 병기가 되어 주신다는 사실을 고백하며 종교개혁의 완성을 향해 나아갔다. 찬송가 '내 주는 강한 성이요'는 바로 루터의 이 같은 고백을 담고 있다. "내 주는 강한 성이요 방패와 병기 되시니 큰 환난에서 우리를 구하여 내시리로다. 옛 원수 마귀는 이 때도 힘을 써 모략과 권세로 무기를 삼으니 천하에 누가 당하랴. 내 힘만 의지할 때는 패할 수밖에 없도다. 힘있는 장수 나와서 날 대신

하여 싸우네. 이 장수 누군가. 주 예수 그리스도 만군의 주로다. 당할 자 누구랴. 반드시 이기리로다." 루터는 이 곡 외에도 자신의 신앙고백이 들어간 여러 찬송 가사를 지어 종교개혁을 가로막는 세력들을 뚫고 앞으로 전진했다.

　이것이 어찌 루터뿐이랴. 지금도 주님 뜻대로 살려 하고, 하나님 말씀과 복음대로 살려 하면 얼마나 앞길을 막는 일들이 많은가. 종교의 자유가 주어지고, 마음껏 예배를 드릴 수 있는 지금도 보이지 않는 방해세력이 하나님 말씀과 복음을 가로막고 있는 것이다. 나는 루터의 주님이 곧 나의 주님 되심을 확신하면서 파리로 돌아왔다. 강한 성이 되신 나의 주님을 의지하여 이 사명의 길을 끝까지 달려가리라 다짐하면서.

# 보름스에서
# 루터의 용기를 본다

독일 프랑크푸르트에서 열린 유럽KOSTA를 갔다가 대회 강사로 오신 필리핀 신승철 선교사님과 함께 보름스를 들렀다. 신 선교사님은 이미 수차례 이곳을 방문한 적이 있다고 한다. 유럽에 살고 있는 내가 필리핀 선교사님으로부터 유럽에 대한 안내를 받고 있는 셈이다.

보름스는 마르틴 루터가 로마 교황으로부터 파문당한 곳이다. 그는 종교와 정치권력의 위협 때문에 목숨이 경각에 달린 순간에도 하나님을 의지하여 이렇게 당당하게 외쳤다고 전해진다.

"성경의 증언이나 명백한 이성의 증언에 의해서 내가 틀리다고 증명되지 않는 한 나는 입장을 취소할 수 없습니다. 나의 양심은 하나님 앞에서 전율을 느끼며, 이러한 양심을 거스르면서 행동한다는 것은 정직하지도 안전하지도 않습니다. 하나님이여, 내가 여기 있나이다. 나를 도우소서!"

보름스는 12세기에 신성 로마제국의 자유제국도시가 되었다. 그때부터 19세기 초까지 100회 이상의 의회가 이곳에서 소집되었다. 루터가 종교재판에 불려나가 파문당한 곳도 바로 이곳 보름스 의회였고, 그 의회는 보름스 대성당에서 열렸던 것이다. 당시 신성 로마제국 황제는 다음과 같은 보름스 칙령 최종안을 의회에 제출했다. 루터에게는 사형선고나 마찬가지였다.

"그(루터)는 결혼을 더럽히고, 고백을 헐뜯었으며, 우리 주님의 몸과 피를 부정했다. 그는 성례의 효력을 받는 사람의 믿음에 종속시키고 있다. 그는 이교도처럼 자유의지를 부정하고 있다. 이 마귀는 수도사의 탈을 쓰고 케케묵은 오류들을 구역질나는 한 웅덩이로 모아 놓았을 뿐 아니라 새로운 오류들을 고안해 놓고 있다.

그는 열쇠의 권세를 부인하며 평신도들에게 성직자들의 피로 손을 씻을 것을 권면하고 있다. 그의 가르침의 방향은 반역, 분열, 전쟁, 살인, 강도질, 방화 그리고 그리스도 교권의 붕괴다. 그는 짐승처럼 살고 있다. 그는 교서를 불사른 자다. 그는 금지령과 짐을 다 같이 무시한다. 교직 제도의 권세보다 세속계의 권세에 그가 끼치는 해독이 더 크다.

우리는 그를 달래려고 애써 보았지만 그는 성경의 권위만 인정하며 그 성경도 자기 멋대로 해석하고 있다. 우리는 그에게 4월 15일부터 21일간의 여유를 주었다. 이제 대의원들이 모여 루터를 확정된 이단으로 취급하려는 바이다. 시간이 지나면 아무도 그를 따스하게 대해서는 안 된다. 그의 책들은 인간의 기억에서 말끔히 지워질 것이다."

마르틴 루터는 교회로부터 반역자, 이단아, 짐승으로 규정되었다. 하지만 활활 타오르기 시작한 종교개혁의 불씨는 그 누구도 꺼뜨릴 수 없었다. 루터가 1521년 보름스 의회에 출두해 자신의 종교개혁 신조를 옹호하는 연설을 한 4년 뒤인 1525년, 보름스는 신교도지역이 되었다. 이처럼 신교가 서서히 인정을 받자 이를 억누르려는 반종교개혁이 결국엔 30년 전쟁(1618~1648)으로 비화되었다. 가톨릭 교회를 지지하는 국가들과 개신교를 지지하는 국가들 사이에 종교전쟁이 벌어진 것이다. 처음엔 종교 전쟁으로 시작됐지만 유럽 국가들이 속속 개입하면서 정치적 싸움으로 변해 갔다. 30년 전쟁은 인류전쟁사에서 가장 잔혹하고 사망자를 많이 낸 전쟁으로 악명을 떨치게 되었다. 이 전쟁에서 약 800만 명이 목숨을 잃었다.

하지만 30년 전쟁의 종전선언이라고 할 수 있는 1648년 10월 24일 체결된 베스트팔렌 조약은 프랑스 국경 확장, 스위스와 네덜란드의 독립, 칼뱅파와 루터파의 승인이라는 뜻밖의 결과를 가져왔다. 개신교가 유럽에서 공식 지위를 얻게 된 것이다. 하지만 보름스는 이후로도 극심한 분쟁 가운데 휩싸였다. 1797년 프랑스에 합병되었다가 1861년 다시 헤센-다름슈타트로 넘어갔고, 제2차 세계대전 와중에 심하게 파괴되기도 했었다.

그런 연유에서일까. 보름스 공원에는 종교개혁자들의 동상이 무리를 이루고 있었다. 루터와 그의 동료들, 루터에게 영향을 준 개혁자들이 한 곳에 모여 있었다. 그 모습을 보고 있으니 500년 전 교회의 권력이 하늘을 찌르던 시절에 진리를 위해서 당당하게 맞서던 루터의 목소리가 귓전에 울려오는 듯 했다. 전율이 느껴졌다.

그러면서 생각했다. 복음을 지닌 사람의 삶은 어떠해야 하는가? 모든 것을 상대화시켜 버리는 다원주의 시대에 이렇게 산다는 것이 과연 지혜로운 것일까? 어리석고 고집스럽고 독선적인 사람으로 취급되지 않을까? 시대의 흐름을 따라가지 못하는 고리타분한 사람, 말이 통하지 않는 꼴통으로 왕따 당하지 않을까?

석양이 깃든 보름스를 떠나면서 어디선가 이런 목소리가 내 뒤에서 들리는 듯 했다. '성 목사, 너 지금처럼 그렇게 살면 되겠느냐? 한 번 사는 인생, 진리를 위해서 꼴통, 왕따를 당하며 사는 것도 멋진 인생이지 않겠니?' 그냥 내 바람이자 기대인지, 아니면 내 양심에서 울려오는 메아리였을까? 아니면 성령께서 직접 나를 깨우치려고 들려주신 음성이었을까?

# 파리에서 위그노들의 순교 흔적을 만나다

　파리엔 루브르와 프랑스학술원(Institut de France) 사이를 이어주는 예술의 다리(Pont des Aarts)가 있다. 그 중간에 서서 한 바퀴 둘러보면 파리의 중요한 명소들이 한 눈에 파노라마처럼 들어온다. 에펠탑, 콩코드광장의 오벨리스크(이것은 심안으로 볼 수 있다-필자 주), 세느 강, 파리 경시청, 루브르, 생제르맹 옥세로와 성당, 퐁네프, 시테 섬과 노트르담, 프랑스 학술원, 오르세 박물관 등.
　이 파노라마를 과거의 시간으로 되돌려보면 거기가 그대로 프랑스 개신교 위그노의 역사 파노라마가 된다. 1572년 8월 24일, 프랑스 개신교회 역사상 가장 참혹한 날이었다. 루브르 앞에서 3천 명이 학살당하고 이 날을 시작으로 프랑스 전역에서 약 8만 명의 위그노들이 학살 당했기 때문이다. 이 사건을 배경으로 만들어진 영화가 바로 'La Reine Margot(여왕 마고)'이다. 1997년 8월 24일에 교황 요한 바오르2세가 파리에서 열린 세계 가톨릭 청년대회 미사를 집전하면서 이 일에 대해서 자신들의 잘못을 고백하기는 했지만 그것이 역사의 아픔을 온전히 지울 수는 없는 일이다.

남편 앙리2세가 자신의 부하 몽고메리와의 마상시합에서 당한 부상을 회복하지 못하고 죽게 되자 왕비였던 까뜨린느 드 메디치(Catherine de Medici)는 어린 아들을 왕으로 세우고 섭정을 시작한다. 그녀는 가톨릭과 개신교의 갈등을 잠재우고 권력을 안정시키려는 생각으로 공주인 마거릿과 개신교도인 부르봉 왕가 앙리4세간의 정략 결혼을 추진한다. 이 일로 사기가 충천해진 위그노들은 그들의 지도자였던 꼴리니 제독과 함께 이 결혼식에 참석하기 위해서 루브르 인근에 모여 들었고, 이에 위협을 느낀 섭정 왕후와 가톨릭 동맹의 앙리 공작은 꼴리니 제독 암살을 시도한다. 암살이 실패로 돌아가자 다급해진 두 사람은 왕을 겁박하고 설득하여 살생부를 통해 위그노 학살 명령을 받아낸다. 1572년 8월 24일 새벽 3시, 루브르 앞에 있는 생제르맹 옥세로와 교회에서 종이 울리는 것을 시작으로 피비린내 나는 학살이 자행되었다.

위그노들의 시신은 세느 강에 던져졌다. 시체들의 일부를 거두어 묻은 곳이 바로 오늘날 에펠탑이 세워진 근처다.

이 사건을 통해서 위그노 세력은 급격히 약화되었고, 결혼식의 주인공이었던 앙리4세는 결국 왕의 자리에 올라 발로와 왕가 대신에 부르봉 왕가를 시작하게 된다. 그는 가톨릭 국가를 통치하기 위해서 가톨릭으로 개종하게 되고 대신에 위그노에게 신앙의 자유를 열어 준 낭트칙령을 선포하게 된다.

퐁네프는 또 어떤가. 세느 강을 가로지르는 가장 오래된 석조 다리인 퐁네프는 위그노였던 건축가 안드루에 뒤 세르소(Baptiste Androuet du Cerceau)의 작품이다. 최근에 이 다리는 세계 각국에서 온 연인들이 자신의 소원과 약속들이 굳게 지켜질 것을 소망하며 쇠자물통들을 달아 놓는 명소가 됐다. 이 때문에 한때 붕괴 가능성도 일어서 결국 열쇠 자물통을 제거하는 작업이 진행되었다.

다리의 중간지점에는 부르봉 왕가의 초대 왕이면서 낭트칙령을 통해 프랑스 개신교도들에게 신앙의 자유를 제공한 앙리4세의 동상이 있다. 세느 강 남쪽에 있는 프랑스 학술원 뒷골목으로 들어가면 프랑스 개신교회의 요람이며 작은 제네바(Petite Geneve)라고 불리어졌던 비스콘티(Visconti) 골목이 나온다.

보쥬 광장(Place Vosges)도 위그노들의 아픔이 배어 있는 곳이다. 보쥬 광장은 파리 시청 동북쪽으로 걸어서 10분 거리에 있다. 조그만 공원과 자그마한 건물 때문에 '가장 파리다운 곳'이라고 불리는 장소다. 가톨릭이 지배하던 시대에 위그노들은 시민 대접을 받지 못했다. 시민증은 당연히 받을 수 없었고, 예배는 공개된 장소가 아닌 집이나 지하실에서 몰래 드려야 했다. 결국 그들은 프랑스 가톨릭 세력에 의해 집단 살해를 당하고 만다.

뛰어난 정치 감각을 지녔던 앙리4세는 파리 시내 곳곳에 공공 광장 프로젝트를 추진했다. 그 첫 번째 프로젝트가 바로 지금의 보쥬 광장이었다. 두 번째 프로젝트가 퐁네프 앞 도핀느 광장(Place Dauphine)으로 알려져 있다. 앙리4세는 자신이 위그노였지만 정치적 이유로 가톨릭으로 개종한 뒤 낭트 칙령을 통해 신구교 전쟁을 끝냈으나 결국 가톨릭 교인에 의해 암살당하고 만다.

그리고 보면 파리의 어느 곳에 가더라도 위그노들의 희생과 순교 흔적을 만나는 것 같다. 파리의 예술과 낭만에 푹 잠기기에 앞서 그 예술과 낭만이 꽃피기까지 어떤 희생과 아픔이 있었는지 생각해보는 게 순리이지 싶다. 나는 세느 강가에 갈 때마다 파리의 낭만 속에 감춰진 역사의 아픔을 동시에 느끼곤 한다. 이 엄청난 순교의 피 위에 세워진 프랑스 교회에 부흥의 날이 속히 오기를 기대하고 기도한다.

# 칼뱅의 하숙집에서 개혁을 생각한다

마르틴 루터가 독일에서 종교개혁을 시작했다면 프랑스 태생의 장 칼뱅은 종교개혁을 마무리했다. 칼뱅은 1509년 파리에서 북동쪽으로 120㎞ 떨어진 노용이라는 도시에서 태어나 어린 시절을 보냈다. 노용은 프랑스 혁명 전까지 프랑스 북부 가톨릭의 중심지였다. 고색창연한 대성당(Noyon Cathedral)은 샤를마뉴(768년)와 위그 카페(987년)가 대관식을 한 곳이다. 교황도 배출한 유서 깊은 성당이다. 칼뱅의 아버지는 이 성당에서 재정담당관으로 일했다.

노용에 있는 칼뱅의 생가는 16세기 말 가톨릭 동맹에 의해 파괴되었다. 17세기에 다시 재건했으나 20세기 초 1·2차 세계대전을 겪으면서 독일군에 의해 재차 파괴되었다. 그러다가 1954년 재건됐고, 1983년 오늘날과 같은 칼뱅박물관(Le Musee de Calvin)의 모습을 갖추게 되었다. 칼뱅이 비록 종교개혁의 위대한 인물이긴 하지만 그의 생가는 역사의 거센 풍랑을 헤쳐 나오며 초라하게 보존돼 왔다고 할 수 있다.

칼뱅박물관에는 꼭 구경해야 할 것들이 있다. 칼뱅의 사인, 칼뱅의 문장, 면죄부, 성경번역본들, 기독교강요 원본, 리용 개신교회 예배당, 이동식 강대상과 성찬기, 성찬 메달, '성서의 무게'(Poid de la Bible, 종교개혁의 '오직 성경' 정신을 가장 잘 표현한 그림) 등이다.

나는 20년 전에 이곳을 처음 방문했다. 당시 이 유물들을 보면서 가슴이 울컥하는 진한 감동을 느꼈었다. 복음적인 신앙이 무엇인지, 개신교도로 산다는 것이 어떤 것인지, 지금 나의 모습은 어떠한지를 돌아보는 계기가 되었다.

프랑스에 사는 개신교인이라면 한번쯤은 이곳을 방문하여 종교개혁자 칼뱅과 프랑스 개신교도인 위그노들의 행적을 돌아보고 그들의 정신을 되새기고 싶어 한다. 그렇게 경건의 옷깃을 새롭게 고쳐 매는 시간만큼 더 값진 것이 있을까?

칼뱅의 삶과 신앙을 이해하기 위해서는 파리에 있던 그의 하숙집도 꼭 들러야 한다. 파리로 유학을 온 칼뱅은 마르세대학과 몽테규대학에서 인문주의와 엄격한 금욕주의 훈련을 받았다. 특히 몽테규에서는 새벽 4시부터 하루 일과를 시작했고, 오후 5시까지 학업을 지속했다고 한다. 칼뱅은 여기서 다양한 학문을 익히며 종교개혁자이자 위대한 저술가가 되는 기초를 갖추게 되었다. 하지만 열악한 환경과 고된 생활은 온 몸을 병들게 했다. 칼뱅에게 평생 '걸어 다니는 종합병원'이란 별명이 따라붙게 된 배경이다.

칼뱅이 '종합병원'이란 별명이 붙은 데는 당시 '폭풍'이란 별명을 가진 무시무시한 학장의 학대와 열악한 환경이 자리하고 있다. 그 때문에 당시 많은 학생들이 병들거나 죽어 나갔다. 몽테규대학 출신인 에라스무스는 몽테규대학을 향해 "똑똑한 학생들을 데려다가 바보로 만든다"고 비판하기도 했다. 보수적이고 획일적인 학교 분위기가 얼마나 숨막힐 정도였는지를 짐작케 하는 대목이다.

후에 반종교개혁의 선봉에 서게 되는 예수회의 창시자 이그나티우스 로욜라도 같은 시기에 이 학교에서 공부했다고 한다. 격동의 16세기에 개신교와 가톨릭의 두 영웅이 함께 했던 셈이다. 지금 몽테규대학은 없어졌다. 대신 그 자리를 생트 제네비에브 도서관(Sainte Genevieve Library)이 차지하고 있다. 바로 그 앞에는 프랑스 위인들의 전당인 팡테옹과 파리1대학이 자리잡고 있다.

그 건너편에는 칼뱅이 오를레앙에서 법학 공부를 마친 후 올라와 잠시 교편을 잡으며 생활했던 다락방 하숙집이 있다. 그가 몽테규에서 공부를 마친 뒤 법학을 하게 된 것은 법률가가 되기를 바랐던 아버지의 뜻을 따랐기 때문이다. 오를레앙 대학에는 몽테규와 같은 엄격한 규율이 없었다. 자유로운 공부와 명상을 통해 칼뱅은 새로운 세계를 접하게 되었다. 그것은 훗날 칼뱅으로 하여금 세상 지식의 풍요로움을 통해 종교개혁을 견인하는 밑거름이 되어 주었다.

파리에 올라 온 칼뱅은 세네카의『관용론 주석』을 써서 출판했으나 성공하지 못했다. 그러던 중에 파리대학 학장이었던 친구 니콜라 콥의 만성절(萬聖節) 연설문을 대신 써 주었다가 그 연설문이 종교개혁 사상을 담은 것으로 판명되어 체포 명령이 떨어지는 바람에 하숙집의 지붕을 타고 도망치는 신세가 된다. 하지만 이 사건으로 칼뱅은 역사의 흐름을 바꾸는 종교개혁자의 길을 걷는다. 하나님은 상황을 통해 그를 종교개혁자의 길로 들어서게 하신 것이다.

그가 살았던 다락방 하숙집을 올려 보고 있노라면 당시의 긴박했던 상황과 쫓기면서 시작된 종교개혁자의 고단하지만 영광스러웠던 삶이 파노라마처럼 떠오르며 가슴 뭉클해진다.

## 로마에서 길을 본다

 로마를 다녀오며 로마의 길을 유심히 살펴봤다. 로마엔 두 종류의 길이 있다. 하나는 사람과 마차가 다니는 지상도로, 또 다른 하나는 시민들에게 물을 공급하는 수도교다.
 이 길을 닦은 사람들이 초기 로마 군대였다. 그들은 로마 시민으로 구성되어 평시에는 농민으로, 전시에는 군인으로 활약했다. 내가 눈으로 보고 발로 밟아본 압비아 가도(Via Appia Antica)는 기원 전 312년에 닦은 도로라고 한다. 하지만 2000년이 지난 지금도 튼튼한 그대로여서 탱크가 지나가도 끄떡없을 것 같았다.
 총 연장 560㎞에 달하는 이 길은 기독교인들과도 밀접한 관련이 있다. 네로 황제의 극심한 핍박을 피해 기독교인들은 로마를 탈출해 길을 떠나야 했다. 이 길 양 옆에는 수많은 로마 귀족들의 무덤이 자리하고 있다고 한다. 로마 성 안에는 무덤을 둘 수가 없었기 때문이다. 기독교인들의 거대한 무덤 도시 카타콤베가 있는 곳도 이 압비아 가도 옆이다.

이 길이 이렇게 튼튼한 데는 로마 공병대의 탁월한 길 닦기 기술 때문이다. 길 닦기는 이런 순서로 진행됐다고 한다. 우선 지면을 1~2m 파내려가 그 위에 모래를 깔고 롤러로 다진 후 다시 그 위에 30㎝ 정도의 자갈을 깔고, 그 위에 다시 자그마한 자갈을 깔았다. 이 자갈은 모르타르로 접합되어 틈새가 전혀 없어 견고한 도로를 유지시켜 줬다고 한다. 이게 끝이 아니다. 다시 그 위에 자갈과 모래를 깔았고, 끝으로 크고 평평한 돌을 깔았다. 수천 년이 지나도 끄떡없는 도로로 남은 이유다.

로마인은 '길은 직선으로 만들어야 한다'고 생각했다. 길이 직선이 되려면 산에 굴도 뚫어야 하고 골짜기에 높은 다리도 놓아야 했다. 이렇게 닦은 길의 전체 길이는 3세기 말 기록에 따르면 무려 8만 5000㎞에 이르렀다고 한다. 지구를 두 바퀴를 돌고도 남는 어마어마한 길이다. 이 도로가 위급시엔 군사를 동원하고, 또 평소에는 세계 각국의 문물을 받아들이기도 하면서 '팍스 로마'를 이루게 한 것이다.

우선, 로마는 지상도로를 만들었다. 제일 먼저 만들어진 것이 아피아 가도다. 이 길은 로마의 감찰관 아피우스 클라우디우스 카이쿠스가 만들고 군사용 도로로 사용해서 붙여진 이름이다. '모든 길은 로마로 통한다'는 말의 근거이기도 하다. 2300년 전에 만들어진 이 길을 통해서 개선장군들이 입성했고, 사도 바울이 복음을 들고 들어왔다. 이 길에서 힘든 로마를 떠나려던 베드로가 주님을 만나 그 발길을 돌려 순교자의 길을 걸어갔다. 오늘날도 수많은 사람들이 이 길을 통해서 로마로 들어오고 나간다.

나도 그 길을 걸어 보았다. 로마는 자신들이 닦은 그 어마어마한 길이의 길을 통해 자신들이 정복하고 다스리는 지역과 소통했다. 카르타고의 한니발 장군의 무자비한 공격과 공작에도 불구하고 로마가 동맹국들과의 결속을 유지하고 결국 포에니 전쟁에서 승리하게 된 것도 이 길을 통해서 동맹국들과 소통할 수 있었기 때문이다. 로마의 힘은 바로 길을 통한 소통이었던 것이다.

로마는 또 수도교를 만들었다. 이 수도교도 압비아 가도와 함께 건설되기 시작했으며, 현재 로마에 남아 있는 수도교는 주후 52년에 클라우디우스 황제가 완성한 클라우디아 수도교다. 로마는 정복하는 지역마다 수도교를 건설했다. 예전에 스페인 세고비아를 방문한 적이 있다. 그 지역의 명물도 역시 로마가 만든 수도교였다. 로마제국의 수도교는 보통 그 길이가 16km에서 90km에 달했다고 한다. 그 수도교를 통해 당시 로마 시에 사는 각 가정에 공급되는 물의 양은 매일 2톤에 달했을 정도다. 로마 시민들은 이런 넘치는 생수의 공급을 통해서 건강하고 청결한 생활을 유지할 수 있었다. 로마는 생수를 시민들에게 공급함으로 그들의 삶을 윤택하게 만들었다. 생수의 공급은 곧 로마의 생명이었다.

로마가 강력한 군사력으로 전세계를 제패한 건 맞는 말이다. 그 강력해진 힘으로 스스로를 주체 못해 타락의 나락으로 빠져든 것도 맞다. 그렇지만 전세계로 뻗은 길을 통해 세계와 소통하고, 시민들에게 가장 필요한 생수를 넘치게 공급함으로써 활력과 생명력이 넘치게 했고, 이것이 문화를 꽃피우는 자양분이 되었던 것이라고 생각한다.

나는 로마의 길을 걸으면서 인생과 목회의 길을 생각했다. 어떻게 사는 것이 바른 인생이고, 어떤 목회가 건강한 목회인지를 말이다. 그것은 바로 소통과 공급이다. 하나님과 소통하고 성도들과 소통하고 세상과 소통하는 것이다. 그리고 하늘의 생수를 공급 받아 성도들과 세상에 그 생수를 공급하는 영적 수도교가 되는 것이다.

이러한 소통과 공급의 도구가 될 수 있다면 교우들은, 또 세상은 나로 말미암아 풍성한 생명을 누릴 수 있을 것이다. 나는 로마의 길을 통해 인생의 길, 목회의 길을 보았다.

# 함부르크에서
# 소명을 생각한다

 한국에서 돌아오자마자 몸살로 잠시 고생했지만 멈출 수는 없었다. 함부르크에서 열리는 독일북부지역 청년연합집회가 기다리고 있기 때문이다. 공항에서 반갑게 맞이하는 정 목사님과 함께 함부르크 시청과 호수를 둘러봤다. 보통 함부르크 하면 햄버거의 기원이 된 도시, 한국의 부산과 같은 항구도시, 종교개혁 당시 개신교를 택한 도시로 알려져 있다.
 함부르크 항구는 유럽에서 가장 크고 붐비는 항구 중의 하나다. 하루에도 수많은 유럽의 배들이 항구를 드나들며 화물을 실어 나른다. 브레멘과 함께 함부르크는 독일 유일의 도시국가로 자치 독립의 오랜 전통을 가지고 있다. 발달한 공업도시지만 아직도 중세의 자치도시적 면모와 현대 도시의 활기를 그대로 보여 주고 있다.

강과 항구 도시답게 함부르크는 멋진 운하와 호수, 공원과 격조있는 주택, 문화생활이 손꼽히는 곳이다. 제2차 세계대전 와중에 도시의 50% 이상이 파괴되고 5만 명 이상이 사망했지만 1950년대 들어서는 활기찬 상업지역으로 탈바꿈했다. 그만큼 함부르크에 대한 주민들의 자부심이 대단하다는 반증이기도 하다. 자신들의 지역과 전통을 소중히 여기는 의식, 거기다 공업과 상업의 번창, 활발한 문화생활이 어우러져 함부르크는 세계에서도 가장 활기찬 도시로 자리 잡았다.

함부르크에서 빼놓지 말고 가봐야 할 곳이 하나 더 있다. 성미카엘교회. 함부르크에 설립된 최초의 개신 교회다. 이 교회탑은 132m로 함부르크 시내를 조망하기 위해서는 필수 코스다. 이 교회 앞엔 독일 종교개혁의 상징인 마르틴 루터의 동상도 있다. 바흐가 훗날 이 교회에서 연주했다고 전해진다. 함부르크는 또한 작곡가 브람스와 멘델스존을 탄생시킨 곳이기도 하다.

함부르크에는 성미카엘교회 외에도 다섯 개의 개신교회가 더 있다. 나머지 교회는 16세기 마르틴 루터의 종교개혁에 의해 가톨릭 성당이 교회 예배당으로 바뀐 경우지만, 성미카엘교회는 17세기 건립 때부터 개신교회로 시작했다. 함부르크는 항구 도시이지만 바다 인접 도시가 아니다. 북해에서도 약 100km를 더 항해해야지만 닿을 수 있는 내륙의 강 인접도시다. 이 때문에 대양에서 긴 항해를 하던 선원들은 멀리서 100m가 넘는 성미카엘교회의 첨탑을 보고서야 비로소 안도의 숨을 내쉬었다고 전해진다. 한 마디로 성미카엘교회는 함부르크의 랜드마크이자 등대 역할을 톡톡히 해 왔던 것이다.

나는 새벽에 파리에서 출발하느라 공복을 견디기 힘겨웠다. 금강산도 식후경이라고, 이 모든 멋진 풍경 관람은 점심식사를 하고 난 뒤에 해도 늦지 않을 것이다. 마침 점심은 아내의 대학교 동창이며 함부르크 오페라단에서 근무하는 임주현 집사님의 대접을 받았다. 그는 정 목사님의 신실한 동역자이기도 했다. 얼마나 허기가 졌는지 고기를 몇 인분 흡입하고 나니 온몸이 회복되고 새 힘이 났다. 사실은 고기가 아니라 영접하는 분들의 사랑을 잔뜩 흡입한 것이다. 식사 후 이곳저곳을 둘러봤다. 말로만 듣던 함부르크의 매력을 비로소 제대로 느낄 수 있었다. 특히 자기가 살고 있는 도시에 대한 강한 자부심과 활기 넘치는 문화는 그 자체로 부러움이었다. 우리나라도 각 도시마다 지역마다 이런 자부심과 자체 문화를 보존하고 펼쳐갈 수 있다면 좋겠다는 생각을 해봤다.

집회는 저녁 7시부터 시작되었다. 독일 북부지역 8개 교회 청년들이 모였다. 뜨거운 찬양과 함께 간절히 기도하며 말씀을 사모하는 청년들을 보니 그 자체가 은혜였다. 따로 더 새로운 은혜가 필요없을 것 같았다. 북 독일 땅에 이런 보배로운 청년들을 세워 가시는 하나님의 계획이 그저 놀라웠다. 청년들만 그런 게 아니다. 8개 교회 모든 목사님들과 사모님들도 자리를 뜨지 않고 청년들과 한 마음으로 말씀을 듣고 은혜를 사모했다. 각자 교파와 교회는 다르지만 주님 안에서 하나 된 지체로 서로를 지지하고 격려하며 연합하는 아름다운 모습이었다.

나는 이곳에서 2박 3일간 총 네 번의 설교와 한 번의 특강을 했다. 아침부터 저녁까지 계속되는 말씀 사역에 성령님께서 시간마다 역사하심을 느낄 수 있었다. 여기에 모인 이 청년들과 목회자들에게 부어주시는 하나님의 은혜라고밖에는 달리 설명할 길이 없었다. 나의 부족한 모습에도 불구하고 당신의 말씀의 통로로 사용하시는 은혜가 감사했다. 주님께 쓰임 받는다는 기쁨에 눈물이 앞을 가렸다. 20대 신학생 시절, 뜨거운 열정 하나로 전국을 누비며 집회를 인도하던 일들이 생각났다. 그리고 남은 인생도 이렇게 말씀을 전하는 일에 쓰임 받기를 사모하고 기도했다.

저녁집회를 다 마치고 목회자들과 교제를 하고 있는데 충격적인 소식이 들려왔다. 코스테(유럽KOSTA)의 국제대표이신 김승연 목사님께서 교통사고로 소천하셨다는 것이다. 아직도 유럽과 한국교회를 위해, 디아스포라 청년들을 위해 할 일이 많으신 분인데, 너무나 안타깝기만 했다. 우리 인생이 어디까지인지는 오직 주님만이 아실 것이다. 파리로 돌아오는 비행기 안에서 나는 아직도 충격이 덜 가신 마음으로 더욱 신실하게 충성스럽게 남은 길을 달려가리라 다짐했다.

# 엘리 비젤을 기억하며

2016년 7월 2일 토요일, 엘리 비젤(Elie Wiesel)이 87세의 나이로 세상을 떠났다. 루마니아에서 태어난 유대인인 그는 저널리스트, 소설가, 철학자로 활동했다. 정치와 인종 폭력의 희생자들을 위해 일한 공로로 1968년 노벨 평화상을 수상했다. 그는 1943년 15세에 가족들과 함께 체포되어 수용소로 끌려갔다가 본인만 살아남게 된다.

그가 살아남게 된 과정도 끔찍하기 그지없다. 이곳저곳 수용소에 끌려다니던 비젤은 아버지와 함께 한 화물칸에 실려 다른 유대인 백 명과 독일의 부헨발트수용소에 도착했다. 하지만 극심한 추위와 굶주림, 그리고 질병 끝에 살아남은 사람은 열 명에 불과했다. 거우 숨이 붙어 있던 그의 아버지도 결국 나치의 손에 의해 화장장에 처넣어진다. 그의 나이 열여섯이 되던 그 해 4월 부헨발트수용소에서 해방을 맞는다.

이후 파리로 이주한 그는 소르본느대학에서 철학을 전공하고, 자신의 체험을 프랑스어로 발표했다. 다시 미국으로 건너간 그는 유대교 신학교에서 철학박사 학위를 받고, 1968년엔 인권운동의 공로로 노벨평화상을 받는다.

그의 경험은 아우슈비츠 유대인 수용소에서의 참혹했던 일들을 회고하며 나치의 만행을 고발하는 『밤』(La Nuit)이라는 소설에 잘 나타나 있다. 나는 10년 전 아우슈비츠 수용소를 방문하고 난 후에 그 책을 구입해서 읽었다. 나치의 유대인 학살이 끊임없이 자행되고 있음에도 불구하고, 당시의 유대인들은 그 소식을 믿으려 하지 않았다. '설마 그것이 사실이랴' 싶었던 것이다. 심지어는 살육의 현장에서 구사일생으로 빠져나온 랍비의 증언도 믿으려 하지 않았다. "아무리 잔인한 히틀러라고 해도 차마 인간의 탈을 쓰고서 어떻게 그런 천인공노할 만행을 저지를 수가 있겠는가"라면서 오히려 증언하는 목격자를 "미쳤다"고 무시한다.

그렇다고 당시 유대인들이 국제정치 흐름에 무감각했던 것은 아니다. 그들은 누구보다 강대국의 전략이나 외교정치, 시온주의에 관심이 많았다. 하지만 코앞에 닥친 자신들의 운명에는 전혀 감각이 없었던 셈이다. 만약 루마니아의 그 작은 시게트 마을에서 유대인들이 목격자의 증언을 믿었더라면, 조직적인 저항까지는 아니겠지만 피신은 얼마든지 가능했을 것이다.

그 같은 무감각은 독일군이 마을을 점령했을 때도 이어졌다. 유대인들은 독일군의 인간성을 믿었다. '설마 우리를 해치기야 하겠어?'라고 생각했던 것이다. 수용소로 보내지거나 거기서 더 먼 곳으로 추방될 때도 '잠시 집을 비우고 강제로 휴가를 가는 심정'으로 현실을 긍정하고 순응했다. 아니, 현실 인식이 너무나 안이했던 것이다. 어쩌면 자신들이 믿는 하나님이 그런 끔찍한 죽음으로 자신들을 내몰 것이라고는 상상도 못했을지 모른다. 아우슈비츠 수용소의 소각로에서 자신들의 가족들이 무참하게 타 죽는 것을 목격할 때까지는.

비젤은 수용소에서 매일 수천 수만 명의 유대인들이 죽임 당하는 것을 목격했다. 건장한 유대인들은 화부로 뽑혀서 동료 유대인들의 시신을 화덕에 넣는 일을 해야 했다. 심지어는 자신의 아들을 직접 화덕에 넣어야 했던 아버지도 있었다. 자신의 어머니와 누이들이 산 채로 소각로에 던져진 채 불에 타는 것을 지켜봐야 했다.

그러던 어느 날 두 남자와 한 어린이가 모든 사람들이 지켜보는 가운데 교수형을 당하게 된다. 그들의 발에서 의자가 치워졌을 때 두 남자는 발버둥 치다가 곧 목숨이 끊어졌지만 몸무게가 가벼웠던 어린이는 오랫동안 숨이 끊어지지 않아 고통을 당한다. 모든 사람들이 그 장면을 보고 가슴아파하는데 누군가가 울먹이며 "하나님, 지금 어디게세요?"라고 속삭였다. 잠시 후에 또 한 번 같은 소리가 들렸다. 그때 엘리 비젤의 내면에서 그에게 대답하는 소리가 들렸다. "그 분이 어디 있느냐고? 그 분이 여기 있어. 저 교수대 위에 저 아이와 함께 매달려 있어."

후일에 독일의 신학자 몰트만이 이 글을 배경으로『십자가에 달리신 하나님』이라는 책을 집필하게 됐다. 이것이 몰트만의 '희망의 신학'이 되어 정치와 인종, 그리고 경제적 폭력으로 절망하는 이들에게 역사의 미래로부터 희망을 가지고 다가오시는 하나님을 소개하고 있다.

그는 떠났지만 그의 말은 나의 가슴에 지금도 선명하게 남아 있다. "Si on se soumet a l'oubli, on se soumet a la negation de l'histoire"(사람이 망각에 복종하면, 역사의 부정에 복종한다.) "역사를 잊은 민족에게 미래는 없다"는 단재 신채호 선생의 명언과 오버랩되는 구절이다.

# 마뛰렝 교회 끝자락에 서서

1533년 11월 1일 만성절(Tous Saints)이었다. 칼뱅의 동료였던 니콜라 콥(Nocola Cop)이 파리대학의 새로운 학장으로 부임하면서 각 대학에 보내는 메시지를 마뛰렝 교회(Eglise des Mathurins)에서 전하게 되었다. 취임 연설이었던 셈이다. 그는 연설문 작성을 친구 칼뱅에게 의뢰했다고 알려져 있다. 콥은 이 연설문에서 '심령이 가난한 자는 복이 있나니'(마 5:3)라는 주제로 기독교 철학을 전개했다. 내용 전반은 칼뱅의 소신에 따라 복음적인 진리를 그대로 대변하고 있다. 칼뱅 자신의 고유한 신학사상뿐만 아니라 루터와 에라스무스 등 당시 개혁가들의 사상까지 접목했다. 특히 개혁자들이 품고 있는 복음의 기능과 '믿음으로 의롭게 된다'는 것을 얘기함으로써 스스로 위험에 처하게 되었다.

파리 의회는 연설 내용에 대해 공식적인 이의를 제기하고 콥의 해명을 듣기 위해 소환 명령을 내렸다. 하지만 콥은 소환당하기 전에 파리를 탈출했고, 콥의 친구였던 칼뱅도 덩달아 도망자 신세가 된다. 칼뱅은 가명을 쓴 채 이곳저곳 전전하면서 『기독교 강요』를 구상하기 시작했다.

파리 의회를 비롯해 파리 지도층은 이 사건을 구교에 대한 신교의 선전포고로 여겼다. 두 달에 걸친 고소 끝에 프랑스 국회는 이 연설문의 저자를 이단으로 규정했다. 국왕 프랑수아1세는 콥을 비롯한 위그노들을 '저주받은 루터 이단'으로 규정하고 본격적인 박해에 나섰다. 두 젊은 지성이 시대를 거스르는 큰 사고를 치고 만 것이다. 당시 칼뱅의 나이는 24세에 불과했다. 칼뱅은 프랑스를 2년 동안 이리저리 떠돌다가 스위스 바젤로 도피하게 된다. 그는 바젤에서 개신교 역사상 가장 탁월한 기독교 변증서인 『기독교 강요』를 완성했다. 그리고 이것을 프랑스 왕인 프랑수아1세에게 헌정했다.

'프랑스 르네상스의 아버지'라 불리는 프랑수아1세는 이탈리아 원정을 통해 고대 학문과 예술에 심취하게 된다. 그리하여 르네상스 건축물을 세우고 고전학자들을 초청해 인문주의 발전을 구상했다. 비록 그 왕에 의해 프랑스에서 추방되었지만 칼뱅은 프랑수아1세에 대한 기대감을 포기하지 않았던 것 같다. 1536년 8월 1일 『기독교 강요』 헌사에서 칼뱅은 프랑수아1세를 이렇게 칭송하고 있다.

"가장 훌륭하신 왕이시여! 부디 기독교의 핍박을 멈추시고 그릇된 소문에 귀를 기울이지 마십시오. 프랑수아1세께서 복음주의자들에 대해 편견없이 공정한 조사를 해 줄 것을 요청합니다. 왕의 직분을 나쁜 데 사용해서는 안 됩니다. 왕의 직분은 하나님의 영광을 위해 봉사하는 직분입니다. 핍박당하는 복음주의자들을 위한 변호에 귀를 막지 마십시오. 사람들은 복음을 우리가 만들어 낸 것이라고 무시하는데, 복음은 만들어 낸 것이 아니라 살아 계신 하나님과 그리스도에게서 나온 것이며, 성경 위에 세워져 있는 것입니다. 지금 현실은 참된 교회가 무엇인지조차 모르고 있습니다. 참된 교회란 하나님 한 분과 주 그리스도를 섬기며 경배하는 곳입니다. 교회의 표지는 말씀의 순전한 선포와 성례의 적법한 시행에 있습니다. 또 종교개혁 교리가 평지풍파를 일으켰다고 하는데 실은 종교개혁자들이 잠들어 있는 교회를 깨운 것입니다. 왕이시여! 그릇된 비난을 조심하시고 무죄한 복음주의자들이 선처를 받을 수 있도록 해주십시오. 우리는 인내하며 하나님의 능력을 기다릴 것입니다."

이 헌사 때문이었을까. 프랑수아1세는 자신의 재임 기간 프랑스에서 위그노에게 비교적 관대한 정책을 폈고, 이를 통해 프랑스 위그노 숫자는 늘어나기 시작했다. 마침내 1598년 4월 13일 위그노에게 비록 조건부이긴 하지만 신앙의 자유를 허용한 낭트칙령이 발표된다. 물론 칼뱅은 생전에 이 희소식을 접하지 못한다.

나는 종교개혁의 흔적을 찾아 프랑스까지 온 신학생, 교수님들과 함께 이 역사적인 현장을 자주 방문한다. 마뛰렝 교회는 프랑스 대혁명 기간에 파괴되었다. 지금은 한 평 남짓 겨우 남아 있는 건물의 흔적에 덩그러니 안내문만 쓸쓸하게 붙어 있는 모양새다. 그러니 아무리 역사의 흔적을 더듬으려고 해도 쉽사리 그곳을 찾을 수 없고, 찾는 이도 거의 없는 형편이다. 바로 옆에 붙어 있는 허름한 카페에서는 이런 역사적인 사실에는 무심한 여행자들이 앉아 커피를 마시거나 와인 잔을 기울이며 일상을 즐기고 있을 뿐이다.

  나는 그 자리에 설 때마다 영적으로 어두운 시대를 향해 복음의 메시지를 명료하고도 단호하게 외치던 두 젊은 믿음의 지성들의 거친 숨소리를 듣는다. 그럴 때면 지금까지 살면서 큰 사고 한번 제대로 못치고 그저 작은 어려움에도 망설이고 소심해지는 나의 '새 가슴 인생'이 부끄러워지곤 한다. '혹시나' 하는 마음으로 여기 마뛰렝 교회 주소를 남긴다. 7 rue de Cluny 75006 Paris.

# 스위스 한인교회

 스위스 취리히 한소망교회와 베른 한인교회에서 주일예배와 제직세미나로 섬겼다. 취리히 한소망교회는 2002년 3월에 창립했다. 스위스개신교회연맹(SEK)과 한국의 대한예수교장로회-통합측(PCK)과 한국기독교장로회(PROK)의 협력으로 스위스 독일어권의 한인 그리스도인들을 위해 설립된 교회다. 50여 명이 모이고 있고, 주로 젊은이들이다. 우리 교회와 창립 연도가 같아서인지 왠지 친근감이 느껴지는 교회다.

 나는 설교와 세미나에서 교회의 주인은 주님이시며, 교회를 섬기는 데엔 재능이나 열정보다는 주님을 사랑하는 마음이 더 우선해야 한다는 사실을 나누었다. 재능이나 열정은 조금 부족하더라도 주님을 사랑하는 마음만 있다면 결국 주님의 교회를 든든하게 세워가는

데 쓰임받는 걸 자주 목격했기 때문이다. 그러면서 나 자신도 주님
을 사랑하고 있는지 끊임없이 자문해 봤다.

취리히에서 오전 일정을 마치고 약 100㎞를 자동차로 달려 베른
에 도착했다. 베른은 스위스의 수도다. 아레 강을 따라 펼쳐진 베른
은 고풍스러움과 멋스러움, 그리고 국제적인 면모를 함께 갖춘 보기
드문 도시다. 이런 환경 때문에 스위스 최초로 유네스코 세계유산으
로 등재된 도시이기도 하다.

자료를 살펴보니 베른은 취리히, 제네바, 바젤에 이어 스위스에서
네 번째로 큰 도시다. 베른이라는 도시 이름은 1191년, 체링 대공 베
르톨트5세가 아레 강을 따라 건설하면서 자신이 죽인 곰을 따서 명
명했다고 한다. 독일어로 곰은 Bärn(베른)이다. 한마디로 곰의 도시
인 셈이다. 참고로 독일의 수도 베를린도 곰의 도시라고 할 수 있다.
곰의 도시 베른에는 '곰 공원'을 비롯해 곳곳에서 곰 상징물들을 만
날 수 있다.

베른의 명물로 또 하나 꼽을 게 있다. 아인슈타인 하우스다. 아인
슈타인은 베른에서 7년간 머물렀고, 그 유명한 상대성이론을 바로
이 베른에서 발견했다고 전해진다. 그 때문에 베른의 아인슈타인 하
우스를 찾는 발길은 지금도 끊이질 않는다. 2층엔 그가 묵었던 거
실, 3층엔 그에 관한 자료들이 보관돼 있다.

베른은 13세기 초, 신성 로마제국 황제 프리드리히2세에 의해 자
유 도시가 되었다. 그때부터 발전에 발전을 거듭하면서 14세기 중엽
엔 스위스 연방에 가입해 주도적인 도시 국가로 자리매김하기 시작

했다. 프랑스혁명 와중엔 한때 프랑스 군에 점령당해 대부분의 영토를 프랑스에 내주기도 했었다. 1848년, 스위스의 수도가 되었다. 정치이념이나 체제에 대해 중립적인 사회 분위기 탓인지 스위스는 남한뿐만 아니라 북한에 대해서도 호의적이다. 북한 김정은 위원장이 여동생 김여정과 함께 어린 시절을 스위스에서 보낸 것은 물론 스위스 학자들이나 농업인들이 대북 지원에 앞장서고 있는 것만 봐도 분위기를 읽을 수 있다. 전세계 사회주의자들의 모임인 제1인터내서널, 제2인터내서널 대회가 베른에서 열렸다고도 한다.

베른 곳곳을 둘러본 뒤 나는 목적지인 베른 한인교회를 찾았다. 40여 년의 역사를 가지고 있는 베른 한인교회는 30여명이 모이는 작은 교회였으나 스위스 교민사회의 역사를 그대로 간직하고 있었다. 어느 가정집 건물 같은 모양의 예배당을 사용하고 있어서 너무나 정감이 갔다. 찬양대는 단 3명. 하지만 참으로 은혜로운 찬양을 불러주셨다. 모든 일정을 마치고 장로님 가정으로 가서 식탁을 나누며, 스위스 교민사와 교회의 발자취에 대해서 듣고 비전을 나누는 시간을 가졌다. 김 장로님은 80세가 넘으신 치과의사로 내가 태어나기도 전에 스위스에 오신 분이었다. 배타적인 스위스 사회가 주는 삶의 무게를 버텨낸 저력과 아픔, 고뇌와 자긍심이 그대로 느껴졌다.

저녁을 먹고 한참을 달려서 인터라켄에 있는 임 집사님 댁에 도착했다. 인터라켄은 그 유명한 융프라우가 바라다 보이는 멋진 호수를 끼고 있는 곳이다. 집사님의 남편 브르노 씨가 마치 오랜 친구처럼 반가이 맞아 주었다. 남의 집에서 자는 것에 익숙하지 않은 나로서는 꽤나 부담되는 밤이었다. 하지만 차를 마시며 국제 결혼과 가정생활, 브루노 씨의 한국 사랑, 임 집사님의 스위스 생활 이야기를 들으며 우리는 금세 친구가 되었다.

다시 취리히로 돌아와 취리히 한소망교회 김명환 목사님 가정에서 하룻밤을 더 머물렀다. 김 목사님으로부터 스위스 목회 이야기를 듣고 나의 작은 경험들을 나누었다. 다음 날 오전엔 츠빙글리의 종교개혁 현장을 살펴봤다. 교회는 하나님의 말씀으로 태어났기에 그리스도를 으뜸으로 삼아야 하고, 성서는 주의 만찬과 빵과 포도주에 그리스도가 육체적으로 현림한다고 가르치지 않는다는 하나님 말씀을 향한 츠빙글리의 열정이 수백 년이 지난 지금도 그대로 느껴졌다.

파리로 돌아오는 기차 안에서 나는 또 이런 생각에 잠겼다. '하나님은 왜 나 같은 한인들을 먼 이국땅 유럽에 보내셨을까? 이곳에서 우리가 감당해야 할 사명은 무엇일까?'

# 파리의 작은 제네바

'프랑스에서 가장 오래된 수도원은 어디일까?' 이런 질문을 하면 사람들은 대체로 파리보다는 파리 외곽의 어떤 수도원일 거라고 생각하기 십상이다. 하지만 프랑스에서 가장 오래된 수도원은 파리에 있다. 그것도 파리의 중심부인 생제르맹데프레 지구에 있다. 그래서 수도원 이름도 생제르맹데프레 수도원이다.

생제르맹데프레 수도원은 558년 당시 파리의 주교였던 생제르맹과 당시 프랑스 왕이었던 힐데베르트가 생 뱅상의 유품을 보관하기 위해 함께 건립했다고 전해진다. 이후 이 수도원은 베네딕토 수도원의 거점으로 자리잡았다고 한다. 아울러 수도원이 가지고 있는 9세기 당시의 '이르미농 영지기록'은 당시 수도원의 실태와 수도원의 장원(莊園) 경영 상황을 알 수 있는 소중한 사료로 수많은 수도사, 학자들이 이곳을 찾는 이유라고 한다. 프랑스혁명 때 폐허가 되기도 했지만 그로부터 20년 뒤 재건돼 오늘의 모습에 이르고 있다. 2차 세계대전 이후 파리의 지성과 문화를 상징하는 곳으로 자리잡기도 했다. 고드라, 사르트르, 보봐르 같은 지성들이 자주 드나들었다.

이 생제르맹데프레 수도원에서 갤러리 골목을 따라 루브르 쪽으로 가다보면 프랑스 개신교회의 요람이 되었던 파리에서 가장 좁은 골목이 나온다. 그 이름은 루 비스콘티(rue Visconti)다. 본래의 이름은 'rue des Marais'였다. 지금 있는 건물들은 18세기 옛날 건물의 토대 위에 지어진 것이다. 그 아래에는 각 건물들 사이를 잇는 지하실(cave)이 존재한다. 이곳은 좁은 골목이어서 체포하러 오는 군인들을 막아내기에 용이했고, 지하 통로로 도피하기에도 좋은 곳이어서 위그노들이 예배 처소로 이용했다. 이 골목 4번지의 주인인 비꽁테(Vicomte)라는 사람이 자신의 집을 제공함으로써 프랑스 개신교회가 태어났다. 여기에 여러 명의 개신교 목사들이 살았다 하여 '작은 제네바'(La Petite Geneve)라고 불렸다.

1555년, 라 페리에르(La Ferriere)라는 기사가 자신의 아이의 세례를 가톨릭 신부를 통해서 받고 싶지 않다고 하며 유아세례를 위그노에게 요청하였고, 위그노 지도자 중 한 사람인 장 르 모콩(Jean Le Mocon)이 유아세례를 집례했다. 이것이 바로 프랑스 개신교회 최초의 세례식이 되었다.

1558년엔 프랑스 개혁교회 총회가 프랑스 중서부 푸아티에(Poitier)에서 결성되었다. 칼뱅의 영향 아래 1559년 5월 25일부터

29일까지 72개 교회의 목사들과 대표들이 모여서 총회를 열었는데, 프랑수아 더 모렐(Francois de Morel)이 의장이 되었다. 그들은 여기에서 신앙고백서(La Confession de foi)를 채택했고, 이것이 1572년에 라호쉘에서 발표되어 그 유명한 '라호쉘 신앙고백'(La Confession de foi de La Rochelle)이 되었다.

라호쉘 신앙고백 제1조는 이렇게 되어 있다. "우리는 하나님은 단 한 분만 계시며, 그는 영적이며, 영원하며, 보이지 않으시며, 불변하시며, 무한하시며, 우리의 이해를 초월하시며, 말로써 다 형용할 수 없으며 전능한 단 하나의 단순한 본질을 가지신 분이며, 가장 지혜로우시고, 가장 선하시고, 가장 정의로우시며, 가장 자비로우신 분임을 믿고 고백한다."

또한 교회 정치와 관련된 제30조는 이렇게 고백하고 있다. "우리는 모든 참된 목사는 어떠한 곳에서든지 단 한 분의 머리, 단 한 분의 군주, 전체교회의 감독이신 예수 그리스도 아래서 동일한 권위와 평등한 권세(동등권)를 가지고 있으며, 따라서 어떠한 교회도 다른 교회를 통치하거나 지배할 권위를 주장할 수 없다고 믿는다."

이 신앙고백은 하나님과 예수 그리스도, 성경의 권위에 대한 분명한 고백과 함께 개혁교회와 로마가톨릭의 차이점을 밝히고 있다. 비록 유럽에서는 다소 늦게 나온 신앙고백이지만 이후 수백 년 동안 유럽 전역에 영향을 끼치게 된다. 그만큼 기독교 신앙의 본질을 잘 담아냈던 것이다.

라호쉘 신앙고백은 성인(聖人)이나 연옥, 교회 권력에 대해서도 가차없이 비판하고 있다. 하지만 로마가톨릭은 위그노들의 이 같은 움직임을 가만히 두고 보진 않았다. 1559년 같은 해에 그들의 모임이 발각되어 비꽁테의 부인과 그의 아버지는 체포되었다. 결국 두 사람은 나중에 목숨을 잃었다. 일가족 4명은 맨몸으로 그 좁은 골목길에 서서 50명의 무장한 군인들을 막아냈다. 그러는 동안에 위그노들은 골목 반대 방향으로 빠져 달아날 수 있었다.

지금은 이 소중한 장소가 개인의 화랑으로 사용되고 있다. 그 흔한 유적지 푯말은 어디에서도 찾아볼 수 없다. 다행히 화랑 주인의 마음씨가 좋아서 총회가 열렸던 지하실을 구경할 수는 있었다. 언젠가는 그곳에도 위그노 유적지임을 알리는 표지판이 세워질 수 있기를 기대해 본다.

# 파르마콘 세상

7월 14일은 프랑스 혁명 기념일이다. 프랑스인들은 이 날을 자랑스럽게 여기며 매년 기념행사를 성대하게 연다. 1789년 7월 15일에 국민군 총사령관 라파예트(Lafayette) 장군이 시민들에게 나누어준 모자의 색깔에서 기원했다고 하는 자유·평등·박애를 상징하는 삼색기(La tricolore)를 자랑스럽게 흔든다. 그들은 최초로 시민국가를 시작한 위대한 민족이다.

프랑스 혁명은 당시 국내외적인 여러 요인들의 결합으로 일어났다. 당시 프랑스는 유럽에서 가장 인구가 많았지만 식량이 부족한 상태였다. 따라서 가난한 자들의 불만이 팽배할 수밖에 없었다. 왕정봉건체제 속에서 부유한 부르주아지들이 세력을 넓혀가면서 정치 권력에서 배제된 불만도 함께 고조되어 갔다. 농민들 또한 봉건

제도를 시대착오적이라고 인식하기 시작했다. 사회적·정치적 개혁을 주창하는 철학이 프랑스 내에서 뿜어져 나왔다. 거기다 미국 독립전쟁에 참여하면서 국가 재정이 파탄에 이르게 됐다.

1789년 7월 14일, 성난 군중들은 왕의 폭정을 상징하는 바스티유 감옥을 점거했다. 사태는 이미 폭동이 아니라 혁명으로 바뀌어 있었다. 루이16세 국왕은 결국 군중들의 요구에 따라 국민 주권을 승인해야 했다. 혁명이 계속 확산되어 가면서 봉건체제는 물론 왕에게 바치는 10분의 1세도 폐지하는 법령이 공포됐다. 거기다 인간과 시민의 권리선언, 자유·평등·사유재산의 불가침성, 압제에 저항할 권리도 천명됐다.

군중들에 의한 구체제 타파와 새로운 헌법 도입은 이웃나라인 네덜란드, 벨기에, 스위스 혁명가들을 일깨웠다. 그리고 이러한 분위기는 유럽 전역으로 확산됐다. 위대한 프랑스혁명으로 자리매김하는 순간이었다.

하지만 위대한 혁명을 이루던 그 시대에 프랑스인들은 아프리카를 비롯한 세계 곳곳에 식민지를 건설하고 있었다. 그곳에 자유·평등·박애를 상징하는 삼색기를 꽂고, 원주민을 억압하고 약탈했다. 1960년대 서구 식민통치를 끝내는 순간에도 프랑스인들은 '식민지 협약'이라는 불평등 조약을 만들어 지금까지 실질적 지배를 유지하고 있다. 그러면서 여전히 자랑스럽게 삼색기를 흔들어댄다.

국제정치적으로뿐만 아니라 교회사에서도 19세기를 '위대한 세기'라고 부른다. 서양의 수많은 위대한 선교사들이 아프리카를 비롯한 선교지를 탐험하며 복음을 전하고 희생했기 때문이다.

허드슨 테일러는 중국내지선교회의 창설자이다. 중국 옷을 입고 중국 사람들과 함께 살면서 무려 51년 동안이나 중국 사람들과 선교사들에게 영향을 끼쳤다. 풍토병으로 아들과 딸을 잃고, 나중엔 아내마저 잃었지만 그는 선교를 포기하지 않고 640명 이상의 선교사들이 중국을 위해 헌신하도록 끊임없이 도전했다. 그 영향으로 북미, 스웨덴, 노르웨이, 덴마크, 독일, 호주, 뉴질랜드에 중국선교회 지부가 설립되었다. 19세기 후반, 중국에 모여든 선교사는 1천 명을 넘어서고 있었다.

스코틀랜드 태생으로 19세기 중반의 30년간 아프리카의 남부·중앙·동부에서 모험적인 여행과 헌신적인 선교활동을 펼친 데이비드 리빙스턴도 있다. 그는 기술이나 의학 면에서 다양하면서도 탁월한 지식으로 아프리카를 선도했다. '현대 선교의 아버지'란 별명이 붙는 리빙스턴은 유럽 제국주의뿐만 아니라 아프리카 민족주의에서도 선구자였다는 평가를 받고 있다. 리빙스턴을 비롯해 수많은 선교사들이 아프리카에서 목숨을 잃었다. 이 때문에 아프리카는 '선교사들의 무덤'이라고 불린다. 하지만 그들이 헌신적인 노력 끝에 발견한 아프리카는 유럽 열강의 식민 정책의 희생양이 되고 만다. 결국 선교사들이 식민 제국의 앞잡이가 되었다는 비판을 받게 된 것이다.

어디 선교에서뿐이랴. 세상 일에는 항상 어두운 면과 밝은 면이라는 양면성이 공존하고 있다. 그리고 이 양면성을 알면서 고의적으로 유지하면 이중성이 된다. 이중성은 곧 비도덕적 행위로 간주된다.

고대 철학자 플라톤은 이 양면성을 '파르마콘'(pharmakon)이라고 명명했다. 이 단어는 약(藥)이라는 뜻과 독(毒)이라는 뜻을 다 가지고 있다. 경우에 따라 약이 되기도 하고 독이 되기도 한다는 것이다. 약국을 뜻하는 영어 'pharmacy'라는 말이 여기서 유래됐다. 종종 약국 간판에 독의 상징인 독사를 그려 넣는 것도 이 때문이다.

이 세상은 어쩌면 파르마콘 세상 아닌가. 내가 하는 일이 때론 누군가에게 약이 되기도 하지만 또 다른 누군가에겐 독이 되기도 한다. 선교사들의 헌신적인 선교활동이 식민지의 길잡이 노릇이 될 줄은 선교사들도 미처 몰랐을 것이다. 내가 지금 살고 있는 인생, 내가 지금 하고 있는 목회도 그로 인해 독이 될 또 다른 무엇인가가 있지 않을지 조심스러워진다. 그러기에 자기 반성 없는 삶은 양면성이 아니라 이중성이 되는 것이다. 내가 하는 일, 내가 걷는 이 길이 이중적이진 않은지 마음이 무겁다.

# 나의 피에타

독일 본 집회 때 국립미술관을 관람할 수 있었다. 거기서 내 시선을 온통 사로잡은 건 '뢰트겐의 피에타'였다. 책에서만 보던 작품을 실제로 보니 더 감동적이었다.

피에타는 여러 곳에 여러 모양으로 존재한다. 가장 대표적인 피에타는 1499년 미켈란젤로가 완성한 로마 베드로성당 안에 있는 피에타다. 마리아의 슬픔을 이상적으로 승화했다는 평가를 받는다. 마리아의 얼굴을 젊은 여인으로 묘사했고, 아들의 죽음에 대한 아픔까지도 초연하게 받아들인 평온한 표정으로 그렸다. 삼각형 구도를 사용하여 안정적인 분위기를 만들고, 비정상적으로 커진 하체를 옷주름으로 덮어 의식하지 못하게 했다. 이것은 당시 유럽의 사태를 진정시켜 보려는 로마 가톨릭교회의 분위기와 통한다. 이 작품은 알

프스 남쪽의 르네상스 정신을 드러낸 것이기도 하다.

반면 뢰트겐의 피에타는 알프스 이북의 분위기를 담고 있다. 14세기 말 라인 강변에서 나무로 만든 것이다. 예수님의 시신은 경직되어 있고, 마리아의 표정엔 인간적인 비통함이 여과 없이 드러난다. 예수님의 양손과 양발 그리고 옆구리의 상흔을 포도송이로 묘사해 들여다보고 있기가 민망하다. 이것은 독일의 사실주의적인 정신을 그대로 드러낸 것이다. 인생의 문제들을 영적으로 승화시켜 받아들이기 전에 그것들을 있는 그대로 바라보고 느끼고 표현하는 독일 사람들의 특징이 반영된 것이다. 이 피에타는 페스트로 유럽 인구의 3분의 1이 죽어갈 때 사람들을 위로하고 그들의 몸과 마음의 상처를 치료할 목적으로 만들어졌다고 한다.

진정한 치유와 회복은 우리의 문제를 있는 그대로 보고 드러내는 솔직함, 그리고 예수님이 우리의 연약함을 체험적으로 공감하신다는 믿음이 서로 만날 때 일어나는 기적이라고 말하고 싶다. 지금 경험하고 있는 우리 민족의 아픔도 얼른 덮어버리고 대충 봉합하는 것이 아니라 있는 그대로 바라보고 드러내는 솔직함, 그리고 우리 민족을 사랑하시는 하나님에 대한 우리의 믿음이 서로 만날 때 진정한 치유와 회복을 경험할 수 있으리라.

루터와 독일의 종교개혁을 가능하게 한 독일인들의 삶의 방식을 그대로 담고 있는 뢰트겐의 피에타를 닮은 피에타가 하나 더 있다. 풀다의 피에타다.

독일 프랑크푸르트에서 자동차로 1시간 반 달려가면 풀다(Fulda)

라는 도시가 나온다. 나는 이곳에서 유럽기독교문화예술연구원 이 사회를 마친 뒤 지역의 역사와 유적을 탐방했다. 풀다는 주후 7세기 동 프랑크 지역, 즉 지금 독일 땅에 사는 이교들에게 복음을 전해 독일이 기독교 국가가 되는 데 결정적 기여를 한 잉글랜드 출신의 순교자 보니파티우스(Bonifatius)가 활동한 독일 기독교 신앙의 중심 도시다.

시내로 들어서면 그의 이름을 딴 보니파티우스광장이 있다. 그 가운데 우뚝 선 그의 동상은 오른손이 십자가를, 왼손이 성경책을 들고 있다. 그는 하나님의 말씀을 게르만들에게 전하며 사역하다가 그 이교도들에 의해서 머리 정수리에 칼을 받고 순교했다고 전해진다. 그의 손에 있는 십자가와 성경책은 그의 순교와 그가 전한 복음을 상징하고 있다. 동상 아래에는 'VERBUM DOMIN MANET IN AETERNUM', 즉 '하나님의 말씀은 영원하도다'라는 글자가 새겨져 있다. 이것은 하나님의 말씀으로 돌아가자는 독일 종교개혁 운동이 하나님의 말씀을 소중히 여기던 그들의 기독교전통으로부터 시작된 것임을 말해 준다. 우리 인생을 변화시키고 역사를 개혁하는 것은 오직 하나님의 말씀으로부터 나오는 것이다.

보니파티우스가 세웠고, 그의 유해를 보존하고 있는 대성당은 바로크 양식으로 매우 웅장했다. 성당 내부를 둘러보고 나서 언덕 위에 있는 작지만 아름다운 예배당을 들렀다. 예배당에 들어서자 피에타가 가장 먼저 눈에 확 들어왔다. 그것은 지난해 독일 본박물관에서 보았던 뢰트겐 피에타처럼 고통을 솔직하고 강렬하게 표현하고 있는 작품이다. 예수님의 죽음 앞에서 가슴이 찢어지고 있는 어머니 마리아의 인간적인 고통을 표현하기 위해서 마리아의 왼쪽 가슴에 칼을 꽂아 넣은 것이다. 십자가에서 죽은 아들의 시신을 품에 안은 채 넋을 놓고 초점 잃은 얼굴로 있는 마리아를 보니 그 고통이 그대로 전해져 오는 것 같다.

고통스런 현실을 포장하고 미화하는 대신에 솔직하고 사실적으로 이해하는 것이 독일인들의 특징이다. 이런 인식을 통해서 그들은 십자가 복음의 심연으로 들어갈 수 있었을 것이고, 그것이 종교개혁에 또 하나의 원동력이 되었을 것이라고 나는 생각했다.

# '위대한 한 사람'을 찾습니다

예장 유럽교회협의회 회원들과 함께 프랑스 알자스 지역과 스위스를 방문했다. 종교개혁자들의 삶을 되짚어보기 위해서다. 스트라스부르의 마틴 부처, 바젤의 외콜람파디우스, 취리히의 츠빙글리, 제네바의 칼뱅과 기욤 파렐 등 수많은 개혁자들이 역사의 흐름을 바꾸시려는 하나님의 일에 쓰임 받았다. 이들의 발자취를 찾아간다는 그 자체가 가슴 떨리는 사건이다.

소용돌이치던 시대에 그들의 용기와 헌신은 역사의 터닝포인트가 되었다. 그 중에서도 장 칼뱅은 마르틴 루터 이후 종교개혁 2세대를 이끌며 엄청난 일들을 이루어냈다. 그는 병약했고, 불행한 사생활을 가졌다. 자신의 조국인 프랑스에서 쫓겨나 망명자 신세가 되어 나그네로, 이방인으로 살았지만 그것은 하등의 문제가 되지 않았다.

그의 망명지 제네바는 종교개혁의 중심도시이자 최고의 교육도시가 되었다. 그 때문에 개혁교회의 성직자들은 양질의 신학과 인문학적 소양을 갖추게 되었다. 뿐만 아니라 그에게서 장로교회의 창시자인 스코틀랜드의 개혁자 존 낙스가 나왔다. 사회계약론으로 프랑스혁명에 영향을 준 장 자크 루소와 국제적십자사를 만든 앙리 뒤낭 등도 그에게서 나왔다.

칼뱅은 종교개혁 당시 각 나라들로부터 박해와 죽음을 피해서 들어오는 난민들을 위해서 제네바 시내 모든 건물의 꼭대기 층을 비우게 하여 난민들에게 제공했다. 이것이 오늘날 제네바가 국제사회의 각종 문제들을 중재하는 역할을 하는 평화의 도시가 된 기원이다.

칼뱅은 제네바에서 추방돼 스트라스부르에서 위그노 난민들을 위해 목회를 하다가 다시 제네바 시의 부름을 받게 되었다. 그때 그는 이렇게 고백했다. "제네바로 돌아가서 그 어려운 일을 하느니 차라리 백번 죽는 것을 택하겠다." 하지만 그는 결국 '내 삶은 내게 속한 것이 아님을 알기에 나는 내 심장을 주님께 즉각적으로 신실하게 바치나이다'라는 고백과 함께 다시 사명의 십자가를 짊어지기 위해서 제네바로 돌아갔다.

칼뱅 당시의 제네바는 프랑스와 이탈리아 교역 중심지라고 할 수 있었다. 자치 도시로 발전하고 있던 제네바는 1536년 5월 21일 시민총회에서 종교개혁을 받아들이기로 결의했다. 이 같은 제네바의 새로운 교회 정치를 칼뱅주의 지도자들은 중요하게 봤다. 다시 제네바로 돌아온 칼뱅은 시의회를 설득해 위원회를 구성하고 거기서 '교회 규정'을 통과시켰다. 개혁파 교회 헌장이 된 셈이다. 중요한 것은 이 교회규정이 시 당국의 지지를 받았다는 것이다. 교회규정에 따라 5명의 목사와 12명의 장로로 구성된 장로회가 제네바 전 시민의 풍기 단속에 나섰다. 파문과 예배 참여 금지는 물론 시외 추방도 결정했다. 1555년 회의 자료를 보면 출교 결의에서 가장 많았던 이유는 신성 모독, 성적 방종 등이었다. 사회 생활과 경제 활동, 교육 등 모든 면에서 칼뱅주의가 제네바를 완전히 지배했던 것이다.

어떤 위대한 일이든 한 사람으로는 불가능하다. 비록 '한 사람'이 부각된다고 할지라도 그 '한 사람' 뒤엔 여러 사람의 조력자가 있게 마련이다. 칼뱅의 종교개혁 뒤엔 기욤 파렐이 있었다. 프랑스 출신의 파렐은 칼뱅보다 스무 살 가량 많았다. 1565년 하나님의 부르심을 받을 때까지 제네바를 비롯해 가는 곳마다 종교개혁 사상을 전파했다고 알려져 있다. 그가 바로 칼뱅을 제네바로 부른, 그러니까 지금 같은 제네바를 있게 만든 조력자였던 셈이다.

칼뱅이 제네바에서 개혁을 시행하기에 앞서 제네바의 동료들이 먼저 그 운동을 펼치고 있었다. 그들은 예배나 교육은 물론 다양한 규칙들을 제정해 제네바를 바꿔보려 했다. 하지만 그때마다 시의회와 마찰이 불거졌다. 자신의 한계를 직시하던 파렐은 마침내 칼뱅을 초빙하기로 한 것이다. 하지만 내성적이고 수줍음을 잘 타는 성격의 칼뱅은 서재에 틀어박혀 공부를 벗삼아 살고 싶었다. 그런 칼뱅을 향해 파렐은 "만일 당신이 우리와 함께 이 일에 헌신하기를 거부

한다면, 하나님께서 당신을 저주할 것입니다"라는 끔찍한 발언을 했다. 그것이 칼뱅에게는 청천벽력 같은 소리로 들렸고, 마치 하나님께서 당신의 손을 얹고 강권하시는 것처럼 느껴졌던 것이다.

파렐보다 한 해 앞서 하나님의 부르심을 받은 칼뱅에게 파렐은 "당신과의 만남은 우연히 된 게 아니라 하나님의 섭리 가운데 필연적이었다"고 말했다고 전해진다. 비록 나이는 차이 났지만 제네바를 개혁도시로 바꾸고자 했던 거룩한 열망으로 하나 되었던 두 사람이 지금의 제네바를 있게 했던 것이다.

하나님께 '즉각적이고 신실하게(prompte et sincere)' 자신을 드린 한 사람의 영향력은 참으로 크다. 그리고 자신들을 드러내지 않고 하나님의 부르심에 순종하는 무수한 무명의 조력자들의 영향력도 위대하다. 지금도 우리 주님은 그런 사람들을 찾고 계시다.

# Ⅳ
# 별처럼 빛나는 인생 후반전을 살자

# 오늘이 '마지막 날'이라면

    11월 늦가을, 독일 슈투트가르트로 가는 차 안이다. 차창 밖 풍경을 보고 있으니 여러 가지 상념들이 떠오른다. 역사, 예술, 인생···. 몇 년 전 봤던 영화 '트로이'(Troy)의 대사와 장면들도 겹쳐진다.
    "네게 아무도 모르는 비밀 한 가지를 얘기해 줄까? 신은 인간을 질투해. 왜냐하면 인간은 언젠가는 죽을 운명이거든. 인간은 늘 마지막인 것처럼 삶을 살아가고 있어. 그래서 인생이 아름다운 거야. 너는 지금이 가장 아름다워. 지금 이 순간은 두 번 다시 돌아오지 않으니까."
    그리스의 용장 아킬레스가 포로가 된 트로이의 공주 브리세이스에게 한 말이다. 인간의 짧은 인생에 대한 깊은 통찰이 담긴 대사다. 영화의 줄거리 또한 인생을 깊이 생각하게 한다.

트로이의 왕자 파리스는 평화협상을 위해 스파르타에 갔다가 아름다운 왕비 헬레네를 보고 사랑에 빠지고 만다. 이에 분개한 스파르타 왕 마넬라오즈는 그리스 왕이었던 형 아가멤논에게 자신의 여인을 찾아달라고 부탁한다. 욕심 많던 아가멤논은 이참에 트로이를 완전히 삼켜보려 하지만 번번이 실패하고 만다. 해결책은 단 한 가지. 전사 아킬레스. 그가 나서야지만 그리스가 승리한다는 걸 아가멤논도 잘 알고 있다. 하지만 아킬레스는 자신만을 생각하는 사람으로 누구를 위해 싸우는 사람이 아니었다. 더군다나 아가멤논과는 사이가 좋지 않았다.

거듭된 요청에도 전쟁에 나서지 않자 사촌동생 파트로클래스가 대신 트로이와의 전쟁에 나선다. 하지만 그는 전사하고 만다. 아킬레스는 자신이 그토록 아끼던 사촌동생이 죽자 마침내 전쟁에 나선다. 그는 혈혈단신 트로이를 찾아가 총사령관 헥토르와 대결을 벌인다. 여기서 헥토르는 죽음을 맞고, 아들 헥토르의 시신을 찾기 위해 프리아모스 왕은 자신의 신분은 아랑곳없이 아킬레스의 막사를 찾아온다. 그러면서 진심어린 말과 자세로 자신에게 죽은 아들이 어떤 의미인지를 아킬레스에게 얘기하며 자비를 구한다.

"지금껏 몇 사람을 죽였나? 몇 명의 사촌들과 아들들을 죽였나? 난 자네 부친을 알아. 젊을 때 요절하였지. 아들이 죽는 걸 안 봤으니 복이 많은 분이야. 자넨 내 모든 걸 앗아갔네. 나의 장남, 내 후계자, 내 왕국의 버팀목. 허나 어찌 하겠나. 다 신의 뜻인 것을."

적국 왕의 절절한 호소에 아킬레스의 눈시울이 붉어진다. 그동안 거친 인생을 헤쳐 오며 숱한 전쟁에서 수많은 사람들을 죽였지만 결국 자신도 누군가의 손에 의해 최후를 맞게 될지 모른다고 생각한 것이다. 아킬레스도 그 순간 인생을 생각했던 것이다. 아킬레스는 헥토르의 시신을 돌려주며 장례 기간인 12일 동안 전쟁을 유보하겠다고 선언한다.

그리고 12일 후, 그리스 최고의 장수 오디세우스가 고안한 트로이 목마를 프리아모스 왕이 선물이라고 생각해 받아들임으로써 트로이는 불바다가 되고 만다. 그리고 아킬레스도 이 전쟁에서 트로이의 왕자 파리스가 쏜 화살이 발목을 관통하며 죽음을 맞는다. 전쟁 영웅들의 허무한 죽음인 셈이다.

사람은 언젠가, 반드시 죽는다. 그리고 누구나 그 죽음의 순간을 두려워한다. 가능하면 그 순간을 늦추기 위해 몸부림친다. 그 순간을 피할 수 있다면 자신의 모든 것을 다 바칠 용의도 있다. 죽음이 절대적 불행이며 인생의 끝이라고 생각하기 때문이다.

그러나 생각을 바꾸면 죽음은 불행이 아니라 곧 축복임을 깨닫게 된다. 죽음은 끝이 아니고 새로운 세계, 영원한 세계로 들어가는 문턱, 즉 새로운 시작이라는 생각 말이다.

인생에 죽음이 있기에 우리는 마지막 순간을 사는 흥분과 긴박감을 지닐 수 있다. 그런 흥분과 긴장감이 있기에 인생 여정은 가장 인간다운 순간이 되고, 인간은 가장 아름다운 존재가 될 수 있는 것이다. 반면, 마지막이 없는 인생, 흥분과 긴박감이 없는 인생은 얼마나 무료하고 권태로운가?

인생의 가치, 인생의 힘은 죽음이라는 마지막 순간을 어떻게 준비하고 맞이하느냐에 달려 있다. 세상의 영웅호걸들은 하나같이 그 순간을 기쁘고 장엄하게 맞이했다. 그 순간에 결코 비겁하지 않았다.

나에게 마지막은 언제일까? 나는 어떻게 마지막을 장엄하고 숭고하며 아름답게 맞이할 수 있을까?

그것은 어쩌면 지금 이 순간이, 오늘 이 하루가 내게 마지막 순간, 마지막 날이라고 의식적으로 생각하는 데서부터 시작되지 않을까? 앞서 간 많은 사람들의 즐비한 무덤들처럼 나도 언젠가는 그 사이에 저렇게 묻히게 된다는 겸손함에서 준비는 시작되는 것이 아닐까? 그런 결심에도 불구하고 죽음이 여전히 두렵고 떨리는 일인 것임은 어쩔 수가 없다.

헤른후트의 모라비안 묘지에서 한 순례자가 기도하는 모습

IV. 별처럼 빛나는 인생 후반전을 살자

# 잘 물든 단풍 같은 중년이 되고 싶다

나는 청소년기부터 가을을 많이 탔다. 가을이 되면 인생무상의 느낌이 더 절실해지고 우울한 감정에 휩싸이면서 어딘가로 떠나고 싶은 마음이 간절해졌다. 그러다가 주님을 만나고 성령을 받은 후에는 달라졌다. 아니, 달라졌다기보다는 신학을 하고 기도하고 사역하느라 가을을 잊고 지냈던 것 같다. 그런데 50대로 넘어가면서 가을이 다시 나를 찾아왔다. 어쩌면 이렇게 가을을 타는 게 나이 드는 걸 인정하고 싶지 않은 내면의 몸부림 같은 것인지도 모르겠다.

대부분의 사람들도 나처럼 이러지 않을까. 나이 드는 것은 곧 늙어가는 것이라고 생각하기 때문이다. 하지만 나이 드는 것과 늙는 것이 꼭 일치하는 것은 아니다. 나이 드는 것은 어쩔 수 없지만 젊음과 늙음은 생각과 삶의 태도에 따라 달라질 수 있기 때문이다. 젊은

이들 가운데도 늙은 생각과 태도로 사는 애늙은이가 있고, 나이든 사람들 중에도 맑고 밝게 청년처럼 젊게 사는 사람들이 얼마든지 있다.

이런 나의 생각을 사무엘 울만이 '청춘'이란 시에서 멋진 표현으로 뒷받침해 주고 있다.

"청춘이란 인생의 어떤 한 시기가 아니라 마음가짐을 뜻하나니, 장밋빛 볼, 붉은 입술, 부드러운 무릎이 아니라 풍부한 상상력과 왕성한 감수성과 의지력 그리고 인생의 깊은 샘에서 솟아나는 신선함을 뜻하나니, 청춘이란 두려움을 물리치는 용기, 안이함을 뿌리치는 모험심, 그 탁월한 정신력을 뜻하나니, 때로는 스무 살 청년보다 예순 살 노인이 더 청춘일 수 있네. 누구나 세월만으로 늙어가지 않고 이상을 잃어버릴 때 늙어가나니 세월은 피부의 주름을 늘리지만 열정을 가진 마음을 시들게 하진 못하지. 근심과 두려움, 자신감을 잃는 것이 우리 기백을 죽이고 마음을 시들게 하네. 그대가 젊어 있는 한 예순이건 열여섯이건 가슴 속에는 경이로움을 향한 동경과 아이처럼 왕성한 탐구심과 인생에서 기쁨을 얻고자 하는 열망이 있는 법. 그대와 나의 가슴 속에는 이심전심의 안테나가 있어 사람들과 신으로부터 아름다움과 희망, 기쁨, 용기, 힘의 영감을 받는 한 언제까지나 청춘일 수 있네."

우리는 이제 100세 시대를 눈앞에 두고 있다. 나처럼 50대인 사람들도 살아온 만큼이나 살아가야 할 날들이 남아 있는 셈이다. 건강하게 청년의 마음으로 살지 않으면 너무나 긴 세월이다. 젊은이들이

미래를 계획하고 준비하듯이 우리도 미래를 꿈꾸며 차근히 준비해야 한다. 어느 대학 교수는 '재수 없으면 200살까지 산다'는 제목의 강연으로 인기를 끌고 있다는 얘길 들었다. 나이 먹는 게 재수없는 일이어서는 안 되어야겠기에 '청춘'이 더욱 절실하다.

얼마 전 파리의 빌봉 수양관에 들렀었다. 노랗게 물든 단풍들이 인상적인 곳이다. 단풍잎들은 나뭇가지에 매달려 그 자태를 마음껏 뽐내고 있고, 일부는 잔디 위에 떨어져 온 대지를 황금색으로 물들이고 있었다. 순간, 영화 속 어느 장면을 보는 것 같고, 나는 곧 그 영화의 주인공이 된 황홀한 기분에 빠져들었다. 사계절 피고 지는 꽃이며 나무가 주는 느낌은 다를 수밖에 없을 것이다. 특히 봄에 피어나는 꽃은 싱그러움과 고움, 아름다움을 선사해 준다. 긴 겨울을 이겨낸 그 메시지가 인생과 사회에 주는 위로와 소망 때문이리라. 하지만 가을에 잘 물든 나뭇잎과 낙엽들은 어느 계절보다 아름답다. 만물의 시작이 주는 넘치는 에너지가 있지만 만물의 마지막이 주는 겸허함 또한 그렇게 아름다운 것이다.

아내가 요즘 열공 중이다. 열심히 공부하는 아내를 보니 평소보다 훨씬 젊어진 느낌이다. 공부 때문이라기보다는 열정 때문일 것이다. 그런 아내를 보며 나도 도전을 받는다. 그래서 한동안 서재에 꽂혀 있던 신학, 미술사, 역사, 상담 심리에 대한 책을 다시 꺼냈다. 마음만 있었고 몸이 따라주지 않았던 정리 작업들을 분야별로 해나가려 한다. 신학을, 인간을, 그리고 내게 주어진 목회를 다시 들여다보고 싶다. 나 자신을 객관화해서 다시 연구해 보고 싶다. 거기서 내가 가야 할 방향을 더 분명히 점검하고 싶다. 이러다 보면 나도 모르는 사이에 새로운 분야에 대한 전문성을 갖출 수 있을 것이다. 젊음은 꿈꾸게 하고, 그 꿈은 몸과 마음을 움직이게 한다. 그래서 젊음인 것이다. 꿈꾸는데 나이가 무슨 대수인가. 돈이 없다고 무슨 문제인가.

우리 교회에는 청년들이 많다. 나도 이제 이 청년들과 호흡을 같이 할 수 있을 것 같다. 머리에는 흰 것들이 늘어가면서 어쩔 수 없는 세월의 흔적이 만들어지지만, 마음과 정신만은 청년처럼 가꿔 가리라. 누추해지는 인생을 면하고 싶어서다. 봄에 피는 꽃보다 잘 물든 단풍이 아름답듯이 나도 잘 물든 단풍 같은 중년을 살아내고 싶다.

# 별처럼 빛나는
# 인생 후반전

지금까지 20년을 유럽에서 살면서 가장 많이 들었던 말은 "힘들다", "안 된다", "여기서는 그렇게 하는 게 아니다" 등이다. 흔히 일본을 축소지향의 사회라고 한다. 모든 것을 작게 만드는 사회, 그렇다 보니 스스로도 작아지게 되는 것이다.

일본만 그런 것이 아니다. 유럽이 꼭 그런 사회 같다. 유럽에서 살아가는 나와 같은 외국인들, 특히 동양인들이 불현듯 맞닥뜨리는 건 자신도 모르는 사이에 소심해지고, 새로운 일에 도전하는 것을 두려워하고, 현실에 안주하고 축소지향적 사고를 하게 된다는 것이다.

왜 그럴까? 한때는 세계를 석권했던 유럽에서, 유구한 역사와 문화, 예술을 가진 이곳에서 왜 축소지향이 되는 걸까? 나의 결론적인 생각은 이렇다. 유럽은 모든 것을 경험했다. 세계 종교를 이끌고 있는 기독교의 확산과 이론화의 종주국이었고, 그 기독교는 중세 내내 한 국가, 한 사회를 총체적으로 지배했다. 종교의 도그마를 깬 것도 역시 유럽 사회 자체였다. 종교개혁의 물꼬를 텄고, 그것이 세계의 정신을 화들짝 깨웠다.

종교의 꽃이 활짝 피었다가 지고난 뒤엔 르네상스로 촉발된 문화와 과학의 꽃을 새롭게 피워냈다. 지금까지도 세계의 정신사를 주도하는 발견들이 이때 주어지게 된 것이다. 그 절정이 산업혁명이었던 셈이다. 하지만 유럽 국가들끼리의 전쟁이었던 세계 1, 2차 대전을 치르면서 유럽은 그 주도권을 미국에 내주고 말았다. 그때부터 급격한 쇠퇴의 길을 걸어오고 있다.

엄청난 세월 동안 찬란한 문화를 꽃피워냈던 유럽은 비록 활력을 잃었지만 지난날의 영광과 자부심은 유럽인들의 의식 속에 뚜렷하게 새겨져 있다. 그래서 사실은 새로운 것, 변화가 싹트기 힘든 사회인 것이다.

반면 미국은 똑같은 유럽 사람들이지만 새로운 땅, 새로운 활력을 맞으며 새로운 문화, 새로운 제국을 만들어갔다. 그 새로움과 활력이 아직도 세계를 지배하고 있는 것이다.

파리, 로마 등 한때 세계의 문화, 세계의 표준을 만들어내던 도시들의 특징은 사람들이 전통에 기대어 먹고 살아간다는 것이다. 한마디로 이런 곳에서는 새로운 것이 돋아날 토양이 없는 것이다. 누가 가르쳐 준 게 아니라 20여년 유럽에 살며, 유럽을 다니며 체험했던 나 같은 사람들의 공통되는 느낌이다.

"힘들다, 안 된다, 여기서는 그렇게 하면 안 된다" 등과 같은 이런 말은 내 귀가 숱하게 들은 것이지만 어느 때부터인지 내 입이 그 말을 하고 있는 나 자신을 발견하고 깜짝 놀랐다. 언젠가 파리15구 카페에서 창동 염광교회의 황성은 목사님과 대화를 나누다가 나도 모르게 "여기서는 그게 불가능합니다"라고 말했는데, 목사님은 "성 목사님, 왜 그렇게 말씀하시나요? 하나님이 하시면 할 수 있다고 하셔야지요"라고 야단 아닌 야단을 치셨다. 나는 순간 부정적이고 소심해진 내 자신을 발견하고 부끄러움을 느꼈다. 그리고 내 마음과 생각을 긍정적이며 믿음 충만한 방식으로 바꿔야겠다고 다짐했다. 유럽에 오래 살면서, 유럽의 문화에 젖어 나도 어느새 축소지향적이고 소심한 인간이 된 것이다. '가랑비에 속옷 젖는다'는 우리 속담은 바로 이런 경우를 두고 하는 말이다.

생각해 보니 그것이 어디 유럽뿐이랴. 한국 사회는 물론 어느 사회도 새로운 활력이 솟아나오지 않을 때 서서히 숨을 거두는 죽은 사회로 바뀌고 마는 것이다. 유럽은 마치 커다란 짐승이 누운 채로 마지막 숨을 세차게 몰아쉬고 있는 것에 빗댈 수 있을 것 같다. 만물의 마지막이 아름답듯, 지나온 과정이 찬란한 것들의 마지막은 웅장하다.

유럽은 그렇게 역사의 페이지 몇 장을 장식하고 그 주도권을 내주고 만 것이다.

인생도 꼭 그런 것 같다. 이렇게 그럭저럭 인생을 보내다 보면 용광로 같은 20대도, 인생의 황금기인 30대와 40대도 훌쩍 지나간다.

아무것도 이룬 것 없이 50대에 들어서지만 뭔가를 새로 시작하기에는 한없이 망설여진다. 그러다가 인생을 정리해 나가야 하는 60대를 맞이하게 된다. 드디어 저물어가는 인생의 석양녘에 홀로 서서 인생 무상을 노래하며 한번뿐인 이생의 삶에 대해 마감 준비를 하는 것이다. 얼마나 허망한 인생인가.

지난 몇 주간 귀한 선배 동역자들을 만나는 일이 있었다. 그들의 삶을 보고 들으면서 나는 다시 도전을 받을 수 있었다. 그동안 느슨해지고 있던 정신이 화들짝 깨어나는 계기가 되었다. 아프리카의 척박한 환경과 싸우며 끝없이 도전하고 일구어 내는 개척자 정신, 전쟁터 같은 한국의 목회 현장을 뚫고 나가는 불굴의 정신의 소유자들을 만나며 나도 '이렇게 살아서는 안 되겠다'는 다짐을 하였다.

인생은 마치 자전거 타기와 같아서 페달을 밟지 않으면 멈추고, 멈추면 넘어지고, 넘어지면 다시 일어나기 힘든 것이다. 하여, 나는 다시 심기일전해 몸과 마음을 관리하고 사역의 페달을 힘차게 밟아 보려고 한다. 나에게 남은 인생 후반전, 온 힘과 정성을 다해 달려보려고 한다. 나처럼 삶의 페달을 힘차게 밟다가 지친 사람들이 모두 힘을 내 다시 일어서고, 다시 앞으로 나아갔으면 좋겠다. 넘어졌다가도 다시 일어서고, 멈췄다가도 다시 나아가는 것, 그것이 인생이니까.

# 한 조각 주님의 퍼즐이 되어

유럽KOSTA를 무사히 은혜 가운데 마치고 돌아왔다. 570km의 거리를 운전하는 일과 빡빡한 프로그램으로 인해서 몸은 몹시 피곤하지만 내 영혼은 상쾌하기만 하다. 시간마다 부어주시던 은혜와 감동이 지금도 생생하다. 그 중에서도 첫째 날 저녁 시간에 들은 "인생은 퍼즐 맞추기와 같다"는 말씀은 내 마음에 큰 위로와 교훈을 주었다.

우선, 퍼즐은 100퍼센트가 일그러진 모양을 가지고 있다. 퍼즐 조각 가운데 정사각형, 직사각형, 삼각형, 원의 모양을 가진 완전체는 하나도 없다. 모두 볼썽사납게 일그러져 있다. 사람들은 스스로 완전체 인생이 되고 싶어 하고, 또 자신을 그런 존재라고 생각하기도 한다. 하지만 그 누구도 완전체는 아니다. 모두 어딘가 일그러진 모습을 가지고 있다. 따라서 자신의 부족한 모습이나 타인의 연약한 모습에 대한 비판은 과한 것이다. 그것보다는 그 모습을 인정하고 수용하는 편이 맞는 것이다.

퍼즐은 또한 중심이나 가장자리가 없다. 퍼즐에는 진정한 중심이라고 할 수 있는 자리가 없다. 중심 조각이 없으니 사실상의 가장자리도 없는 것이다. 우리는 얼마나 중심에 들어가고 중심을 차지하려고 아우성치며 살아가고 있는가? 그런데 우리가 그토록 발버둥치며 진입해보려는 중심이라고 생각하는 것, 과연 거기가 진짜 중심일까? 반대로 누구는 변두리 인생이 되었다고 좌절하며 자책하지만 과연 거기가 변두리일까? 과연 그런 것인가? 우리 인생에는 진정한 중심도 사실상의 변두리도 없는 것이다. 자신의 삶의 자리에 감사하며 거기서 최선을 다하는 것, 거기가 진정한 중심인 것이다.

퍼즐은 조각 하나만 빠져도 완성할 수 없다. 퍼즐 조각 가운데 좀 더 크고, 좀 더 전체 그림을 담아내고, 좀 더 눈에 띄는 녀석이 있는가 하면 아주 작고 전체 그림의 여백만 담아내는 보잘 것 없어 보이는 놈도 있다. 그러나 그 어떤 조각 하나만 빠져도 퍼즐은 완성되지 못한다. 그 작은 조각 하나가 없어 퍼즐은 쓸모없게 된다. 작은 조각과 큰 조각의 가치는 동등한 것이다. 우리의 가정, 사회, 교회가 이렇게 만들어진다. 구성원들이 다양한 모습과 크기를 가지고 있지만 가치는 동등하다. 각 사람이 차지하는 비중은 다르지만 그 중에 없어도 되는 존재는 하나도 없다는 것이다. 그들이 있음으로 우리가 있는 것이기 때문이다.

공동체에게 한 사람이 그렇듯 한 사람의 생애도 퍼즐 같다고 생각한다. 요셉의 생애가 그렇지 아니한가. 어릴 적엔 꿈과 이상에 붙잡혀 뽐내며 지냈지만, 어느 날 형들의 시기로 애굽의 종살이 인생으로 전락하고, 거기서 또 다시 거짓과 모함으로 감옥살이에까지 처해졌다. 히브리의 한 젊은이 인생의 대부분이 좌절과 절망으로 점철되어 있는 것이다. 여기서 무슨 희망의 조각을 찾을 수 있을까?

인생은 퍼즐 같고 모자이크 같은 것이다. 퍼즐이 전체 조각이 맞춰질 때 완성되듯이 모자이크도 조각조각이 전체를 이룬다. 그 조각만 놓고 보면 검정색에, 잘려나간 그림에, 도무지 이해할 수 없는 것들이다. 하지만 조금 떨어져서 모자이크 전체를 보면 비로소 그 조각의 의미를 알 수 있다.

형들의 시샘으로 애굽에 팔려왔고, 거기서도 억울한 옥살이를 하지만 요셉은 분명 자신이 노예가, 죄수가 된 이유를 알았다. 하나님이 이스라엘 백성들을 구하기 위해 자신을 먼저 애굽으로 보냈고, 애굽에서 총리대신으로 있으며 이스라엘을 예비하는 사람이 될 것이라는 확실한 정체성을 지녔던 것이다. 그 관점에서 보면 자신의 종살이, 옥살이 모두가 아름다운 모자이크의 조각을 이룬다.

요셉의 인생이 그렇다면 내 인생도 그럴 것이다. 내가 이렇게 물 설고 낯선 파리로 건너와 목회와 선교를 하고 있는 것, 처음에도 그랬던 것처럼 여전히 고군분투하고 있는 것, 앞으로도 어떻게, 어디로 갈 바를 알지 못하는 것, 이 모든 것이 조각으로 보면 검고, 깨지고, 금가고, 뭐가 뭔지 모르는 혼란인 것 같다.

그러나 여기에 분명 하나님의 섭리가 있는 것이다. 이 혼란의 조각들을 모아 당신의 작품을 완성하시려는 하나님의 계획이 있는 것이다. 아니, 어찌 보면 당장은 앞이 깜깜하고 불완전하고 이성적으로 납득이 안 되는 그 조각이 결국은 하나님의 섭리인 셈이다. 그 조각들이 있어야지만 전체 모자이크가 완성되니까.

그러므로 사고, 고난, 질병, 실패 등등 인간이 꺼려하고 겁내는 것들이 실상은 진정한 인간 됨의 조건일지 모른다. 그것이 있고서야 전체의 퍼즐이, 전체의 모자이크 그림이 완성되는 필수조건 말이다. 그러기에 퍼즐, 모자이크는 단순한 게임, 단순한 예술작품 그 이상의 인생의 깊은 의미를 담고 있는 것이다.

# 포지티브 인생이 되자

실의와 낙담에 빠져 있는 사람에게 흔한 위로는 "마음먹기 나름이다"는 말이다. 하나님을 알지 못하는 사람들이 자주 쓰는 표현이다. 그러나 세상은 마음먹은 대로 흘러가지 않는다. 오히려 마음과는 반대로 되어지는 경우가 많다.

그렇다고 마음먹은 것과 신앙이 전혀 무관하다고 할 수는 없다. 오히려 신앙을 통해 더 올바르고 단단한 마음을 먹게 되는 경우가 많다. 그렇게 먹은 마음은 위대한 일을 이루는 기초가 된다.

사람의 마음속에는 운전석이 있다고 한다. 그 운전석에 앉은 기사가 난폭하면 그 인생은 늘 어그러질 수밖에 없다. 반면 그 운전석의 기사가 너그럽고 바르다면 그 인생길은 멋진 궤적을 그릴 수밖에 없을 것이다. 신앙을 통해 올바른 자아를 회복했다면, 그 인생은 달라지게 마련인 것이다.

 인생을 살아가면서 깨닫는 확실한 것은 우리의 생각과 삶의 태도가 우리의 미래에 절대적인 영향을 끼친다는 것이다. 사람들은 흔히 주어진 조건과 환경을 탓한다. 그것 때문에 우리의 삶은 한계가 있을 수밖에 없고, 나아가 인생을 비관하며 그 모양 그 꼴로 살게 된다. 우리에게 주어진 족쇄 같은 조건과 환경은 우리의 생각과 삶의 자세에 의해서 얼마든지 극복될 수 있는 것들이다.

 나는 믿음의 가정에서 태어났다. 그러나 가정 형편은 좋지 못했다. 병약한 어머니와 엄한 아버지로 인해서 어둡고 우울한 어린 시절을 보냈던 것 같다. 그러다보니 내 내면은 네거티브로 가득 찼다. 부정적인 자아는 부정적인 삶을 낳는다. 난 청소년기부터 부모님께 반항했고, 선생님을 비판했고, 사람들을 공격했다. 나 자신마저도 가만히 놔둘 리가 없었다. 나는 늘 자신과 세상을 비판하는 인간이 되어버렸다.

 그 누구도 나를 말리지 못했다. 10대 후반부터 20대 초반의 그 황금기를 나는 심하게 앓으며 보냈다. 그것을 나는 '잃어버린 5년'이라고 부른다. 그때 나는 몸과 마음이 완전히 병들어 버렸던 것이다.

 인생의 가장 민감한 시기에 형성된 부정적인 자아는 예수님을 만난 이후에도 쉽게 바뀌지 않았다. 너무나 오랫동안 차곡차곡 쌓여서 단단해질 대로 단단해진 자아 때문이다. 다행히 주님께서 나를 찾아오셔서 그런 나를 용서하시고 또 사역자로 불러주셨다. 과거의 모든 것을 회개하고 새 출발을 하는 순간이었다. 그런데도 어린 시절 만들어진 네거티브의 견고한 구조물은 한꺼번에 없어지는 것이 아니었다. 중요한 결단의 순간마다, 믿음의 순간마다 과거의 습성, 과거의 자아는 나를 심하게 괴롭히곤 했다.

예수님을 만나고 엄청난 사명을 부여받았지만 자신의 죄인된 성품과 처절한 사투를 벌여야 했던 사도 바울의 고백이 곧 당시의 나의 고백 그 자체이기도 했다.

"여기에서 나는 법칙 하나를 발견하였습니다. 곧 나는 선을 행하려고 하는데, 그러한 나에게 악이 붙어 있다는 것입니다. 나는 속사람으로는 하나님의 법을 즐거워하나, 내 지체에는 다른 법이 있어서 내 마음의 법과 맞서서 싸우며, 내 지체에 있는 죄의 법에 나를 포로로 만드는 것을 봅니다. 아, 나는 비참한 사람입니다. 누가 이 죽음의 몸에서 나를 건져 주겠습니까?"(롬 7:21~24, 새번역)

30여년 신학과 사역, 그 속에서 은혜를 경험하면서 이제 내 내면은 어느덧 포지티브 체질로 바뀌었다. 과거에 나를 아프게 했던 사람들, 환경들, 심지어 나 자신까지도 긍정하게 되었다. 나를 부정적인 늪으로 빠지게 만들었던 그 구조마저도 나를 만들기 위한 하나님의 은혜로 받아들이게 되었다.

포지티브 마인드의 소유자가 되니 몸과 마음이 건강해졌다. 삶에는 활력이 생겼다. 환경과 조건이 주는 불가능을 가능으로 바꾸는 기적이 일어나기 시작했다. 성령님께서 일하기 시작하셨는데, 그것을 위해 먼저 나의 네거티브를 포지티브로 바꾸셨던 것이다. 사람들은 나 보고 적극적이고 외향적이라고 하는데 나의 과거를 안다면 절대 그런 말을 할 수가 없다. 그만큼 하나님은 은혜로 나를 바꾸고 빚어 오셨던 것이다.

네거티브 마인드는 대인 관계에만 영향을 끼치는 게 아니다. 의학계에서도 부정적인 생각이 사람의 신체에 나쁜 영향을 미친다고 말한다. 네거티브가 일으키는 분노라는 감정은 고혈압, 스트레스, 불안, 두통, 혈액순환 장애를 일으킨다는 것이다. 그로 인해 5분 동안 느끼는 스트레스가 6시간 동안 면역체계를 손상시켜서 심장질환과 뇌졸중의 원인이 된다는 것이다.

심지어 네거티브한 사람들과 지내는 것조차도 위험하다고 한다. 연구 결과에 따르면 그들이 보내는 냉소적인 표현과 태도, 부정적이고 비판적이고 비관적인 자세에 영향을 받으면 수명이 줄어드는 역효과가 있다는 것이다.

예수 믿고 성령 안에서 산다는 것은 하나님이 주시는 희망을 호흡하며 산다는 뜻이다. 그 속에는 어떤 네거티브도 없다. 환경과 조건을 넘어서는 포지티브만이 있다. 믿음은 우리를 네거티브에서 포지티브로 건너가게 하는 징검다리인 셈이다. 포지티브가 변화를 일으킨다. 하나님의 창조도 말씀, 능력이라는 포지티브의 결과다.

# 그랑 에스칼리에 영성

파리 서남쪽에 위치한 투르와 오를레앙 지역은 고성들의 집합소라고 할 수 있는 곳이다. 프랑스의 중앙 산지에서 발원한 로와르(Loire) 강이 파리의 남서를 가르고 대서양으로 흘러 나가며 멋진 경관을 연출한다. 로와르 강은 총 연장 1000㎞가 약간 넘는 강으로 프랑스에서 가장 긴 강이기도 하다. 이 강을 따라 고성뿐만 아니라 포도밭도 흐드러지게 자리하고 있다. 이 지역에 '프랑스의 정원'이란 애칭이 붙는 이유이기도 하다.

50개가 훌쩍 넘는 고성들은 이름만큼이나 개성들도 강하다. 로와르 강을 따라 있는 고성 가운데 샹보흐 성(chateau de Chambord)은 그 남성적인 힘과 웅장함으로 유명하다. 1층 입구로 들어가면 특이한 계단이 시선을 끌고, 그 계단을 따라 2층으로 올라가면 예배당이

반긴다. 그리고 프랑수아1세와 왕비의 방, 박물관, 3층엔 미술품이 전시되어 있다.

프랑스의 예쁜 정원을 보려면 쉬농소 성을 가야 한다. 거기엔 궁전과 정원, 그리고 그 유명한 까뜨린느 드 메디치 정원도 둘러볼 수 있다. 수백 년간 그대로 보존되어 있는 16세기 농장도 볼 수 있다.

블로와 성은 시대의 변화만큼이나 다양한 건축 양식을 한꺼번에 볼 수 있는 드문 곳이다. 13세기 중세의 전형적인 고딕양식 건축물, 그리고 16세기 르네상스 양식, 17세기의 클래식 양식이 조화를 이루고 있다.

또 하나 눈여겨봐야 할 곳은 앙보와즈(Amboise) 성. 로와르 강이 내려다보이는 작은 언덕에 위치한 이 성은 레오나르도 다빈치가 직접 설계하고 건축한 것으로 유명하다. 15~16세기 샤를르8세가 이탈리아 원정에 나섰다가 그만 이탈리아의 건축과 예술에 반해 당대 이탈리아에서 유명했던 건축가, 원예가를 직접 모시고 왔다고 한다. 그 뒤를 이어 프랑수아1세가 1512년 12월 이곳에 다빈치를 모셔왔다는 것이다. 다빈치는 1519년 사망하기까지 이 성을 건축했고, 자신의 의지대로 이 성의 교회에 묻혔다고 한다.

전형적인 고딕 양식의 건축물인 앙보와즈 성은 프랑스 초기 르네상스 양식의 전형이라고 할 수 있다. 이외에도 많은 성들이 있지만 그 중에는 개인 소유의 성들도 있어서 개방을 하지 않는 곳들도 많다고 한다. 이름도 다 기억하지 못하는 무수한 개성의 성들을 가진 이곳에서 많은 사람들이 왔다가 '다음에 꼭 다시 와야지'하고 발길을 돌릴 수밖에 없다고 한다.

내가 고른 성은 그 많은 성 중에서도 샹보흐 성이다. 마침 학부에서 건축을 전공한 두바이의 신 목사님과 이곳을 방문할 수 있어서 좀 더 상세하게 내부를 들여다 볼 수 있었다. 제대로 된 역사, 예술 공부의 기회를 얻은 것이다.

샹보흐 성에서 나와 신 목사님에게 가장 인상적이었던 것은 성의 중심에 위치한 그랑 에스칼리에(le grand escalier), 말 그대로 거대한 계단이다. 뫼비우스 띠 모양을 한 특별한 계단은 하나의 장식 정도가 아니었다. 한 마디로 이 계단을 중심으로 이 성을 지었을 것이라는 게 신 목사님의 설명이다.

이 성의 설계자 역시 레오나르드 다빈치로 추정되고 있다고 한다. 아직 그가 설계했다는 확실한 근거가 없는 추정인 만큼 조심스럽긴 하지만 그게 사실이라면 다빈치의 천재성을 그대로 엿볼 수 있는 작품이다. 어떻게 이런 계단을 구상할 수 있었을까?

이 계단의 특징은 위로 올라가는 계단과 아래로 내려오는 계단이 동시에 존재하면서도 서로 만나지 않도록 만들어져 있다는 데 있다. 출발점과 목적지로 가는 길이 서로 다르면서도 부딪히지 않고, 그러면서도 함께 할 수 있다는 것이 그저 신비롭기만 했다.

어떻게 한 공간에서 이런 조화를 이룰 수 있었을까? 우리가 나름대로 발견한 결론은 이것이다. 두 계단 사이에 공통으로 확보한 빈 공간이 충분했다는 것이다. 다른 두 계단 사이에 서로 침범하지 않고 남겨 놓은 공동의 공간을 충분히 확보하는 것, 이것이 이 계단의 비밀이었던 것이다. 그리하여 출발과 방향과 도착지점이 서로 다르면서도 함께 할 수 있었던 것이다.

우리네 인생과 가정, 교회 생활을 생각해 봤다. 우리는 각기 서로 다른 사람들이 모여 서로 다른 품성과 재능을 가지고, 각각의 고유한 목표를 향해서 살아간다. 한 사람도 같은 사람은 없다. 완전히 다양하다. 그러면서도 이런 다양성 속에서 일치를 이루며 산다. 그것이 가정이고, 사회이고, 교회이다. 이것이 공동체다. 그런데 혼자 사는 것보다 공동체를 살아내는 것은 더 어렵다. 끊임없이 부딪히기 때문이다.

공동체로 살아가되 서로 침범하지 않는 공통의 공간을 확보해 두면 어떨까? 나와 너 사이에 말이다. 그리고 그 공간을 서로 존중하면서 산다면 비로소 아름답고 평화로운 공동체를 만들 수 있지 않을까?

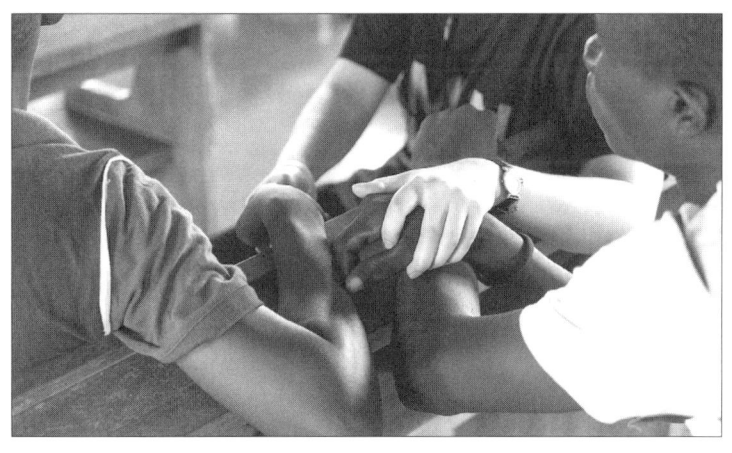

# 하나님의 마음을
# 담은 예술가

나는 예술 작품 감상하기를 좋아한다. 미술관 같은 데를 자주 가지는 못하지만 갈 때마다 뭔가 큰 깨우침을 얻고 돌아오는 걸 느낄 때가 많다. 그것은 바로 작가의 깊은 고뇌와 통찰력, 그리고 섬세한 손길이 빚어내는 작품이 주는 무언의 강렬한 메시지 때문이다. 마치 무에서 유를 창조하신 하나님의 손길만큼이나 그 작품에서 예술가의 창조 솜씨를 읽을 수 있다.

우리 교회 L 집사님의 개인전에 다녀왔다. 몇 번의 전시가 있었으나 가지 못했던 것이 늘 마음에 걸렸던 차에 이번에는 작심하고 갔다. 기다리다가 반갑게 맞아 주는 남편을 보면서 내 마음의 응어리도 이제야 풀리는 것 같다. 그래서인지 그녀의 작품도 더 따뜻하게 내게로 다가왔다.

집사님의 작품 세계는 한 마디로 다 정의할 순 없지만 음악과 자연, 사람과 이야기가 잘 버무려 있는 것 같다. 거기다 증강현실을 연상케 하는 첨단 디지털 기법 또한 집사님 작품의 특징이다. 그 그림들이 이야기책에 들어가자 생생한 감동으로 살아나는 것을 보았다. 작품들이 심플하면서도 친환경적이고 메시지가 있어서 더 좋았다. 하나님께서 집사님의 작품 세계를 더 깊고 풍성하게 열어주실 것과 세상에서도 많은 사람들이 볼 수 있도록 높이 띄워 주실 것을 기대할 수 있었다.

집사님의 작품은 주로 시간과 관계된 것들이 많다. 그 이유를 집사님으로부터 직접 들을 수 있었다. 지금까지 살아온 인생도 그렇지만 특히 유럽 생활을 하면서 시간에 대해 많은 생각들을 했다고 한다. 아마 시간시간, 순간순간을 의미있게 살아내려 했던 집사님의 고민과 수고가 그런 통찰을 가능하게 했으리라. 특히 파스칼과 폴 리꾀르를 통해서 얻은 시간에 대한 철학을 그림에 담아 이야기로 만들었다고 한다. 현재 'M. Horloge muet'(음소거 시계)와 'en attendant M. Avenir en rose'(분홍색 미래 씨)이라는 창작 동화의 출판을 준비 중이었다. 집사님은 책과 출판에도 남다른 재능과 관심이 많으셨다.

시간 얘기를 하다 보니 나도 평소에 관심이 있었던 어거스틴의 시간에 대한 이해를 곁들였다. 이렇게 주고받던 이야기가 예술, 철학, 신학을 넘나들며 꽤나 깊은 토론으로 이어졌다. 비록 그 시간은 짧았지만 긴 여운을 남기는 특별한 전시회였다.

예술이나 문학이 대체로 그렇듯 특히 현대 미술계에서는 "성공하려면 신의 뺨을 때려야 한다"는 말이 문화처럼 자리잡았다고 한다. 예술이나 문학 세계에서 신앙 얘기는 발 들여놓기가 쉽지 않다는 얘기다. 기존 관념을 확 뒤집는 획기적인 발상이 아니고는 뜨기가 어려운 화가의 현실을 말하는 것이기도 하다. 그래서 어떤 이들은 획기적인 것을 넘어 엽기적인 발상을 가지고 진귀한 작품을 만들어 내기도 한다. 물론 나 같은 비전문가는 도무지 깨닫기 어려운 경지의 것들이다. 그런 전시회에 끌려가서는 예술적 무지를 드러내고 싶지 않은 마음에 이해하는 척하고 그저 뭔가를 느껴 보려고 애쓰다가 짙은 한숨으로 돌아서기 일쑤다.

그런데 집사님의 작품 세계는 그렇지가 않다. 뭔가 파격적이면서도 어느 선을 넘지 않는다. 나 같은 평범한 사람이 봐도 마음속에 느낌표가 들 정도로 깨우침을 준다. 파괴적이지 않기에 뭔가 따뜻한 느낌까지 선사해 준다. 하나님을 대놓고 말하진 않지만 그 작품 속에 녹아 있는 작가의 정신, 수고와 땀이 하나님의 마음을 대변해 주고 있다고 생각한다.

하나님은 이 우주, 이 세상 곳곳에 이루 말할 수 없는 아름다운 이야기들을 숨겨 두셨다. 그것들을 찾아내서 그림과 이야기로 들려주면 화가가 되는 것이고, 악보와 노래에 담아주면 음악가가 되는 것이다. 그것이야말로 하나님이 기뻐하시는 예술가 본연의 역할이 아닐까.

세상 곳곳에 숨은 하나님의 보화들을 캐내어 우리에게 전해줄 예술가들이 더 많이 나왔으면 좋겠다. 일상적이고 심플하며 소박하면서도 깊은 감동과 오랫동안 지속되는 향기를 담은, 그래서 우리의 삶에 희망과 행복을 선사해주는 그런 예술품들이 더 많이 나왔으면 좋겠다.

# 조반니 파피니의 회심

한국에 다녀온 양윤경 자매가 조반니 파피니의 『무신론자를 위한 예수 이야기』를 선물해 주었다. 꼭 읽어 보고 싶었던 책이었기에 나는 미루지 않고 바로 책장을 펼쳤다. 저자는 무신론으로 무장된 작가였으나 주님을 만나고 난 후에는 그가 만난 예수를 흥미진진하게 그리고 있다. 한마디로 세상을 흔들어 놓은 예수 이야기꾼이라고 할 수 있다.

19세기 후반에 태어나 격동의 20세기 중반까지 살았던 조반니 파피니는 이탈리아 피렌체 출신이다. 피렌체는 특유의 중세풍이 배어 있는 묘한 분위기와 함께 미켈란젤로, 레오나르도 다빈치, 단테의 고향이기도 하다. 파피니는 원래 철저한 무신론자였지만 1차 세계대전이 끝난 직후 『예수 이야기』를 발표했다. 자신의 회심을 세계에 알리는 순간이었다. 이후 『성 아우구스티누스』, 『미켈란젤로 일대기』, 『단테 일대기』 등을 발표하기도 했다.

『예수 이야기』가 주목을 받은 것은 파피니라는 유명 작가의 회심 때문이기도 하지만 그가 묘사하고 있는 예수, 그리고 유대교, 로마 등 당시 시대와 정치사회상의 흥미진진함 때문이다. 『예수 이야기』에서 드러난 파피니의 뚜렷한 관점은 종교가 제도로 굳어질 때 결국은 세상의 부패를 가져올 수밖에 없다는 것. 반면 예수는 가난한 자들과 함께함을 통해 혁명가로서의 전형을 보여 주고 있다는 것이다.

100여년 전 이 책이 처음 나왔을 때 가톨릭의 나라 이탈리아에서는 "가장 불손한 작가가 쓴 구원의 책"이라는 평가를 받았다고 한다. 그만큼 철저한 무신론 작가가 쓴 신실한 예수 이야기였다는 반증이다.

그렇다면 파피니를 회심케 한 것은 무엇일까? 무엇이 강력한 무신론자를 철저한 유신론자가 되게 했던 것일까? 그는 『예수 이야기』를 쓰면서 이렇게 고백했다.

"나는 그동안 신(神)이 되고자 했던 한 사람의 슬픈 인생을 다룬 책을 썼다. 그러나 이제부터는 사람의 몸을 입고 와서 사람 행세를 하신 신(神)의 이야기를 쓰려고 한다."

이 무신론 글쟁이를 예수 이야기꾼으로 변화시킨 건 다름 아닌 그의 어머니였다. 파피니의 어머니는 독실한 그리스도인이었다. 그녀가 아들이 주님께 돌아오도록 기도하고 있던 중에 그 아들은 그만 회복이 불가능한 중병에 걸리고 말았다. 그러던 어느 날 비몽사몽간에 "네 허벅지의 살을 먹여라"는 소리를 들었다. 그녀는 자식을 위해서 자신의 허벅지 살을 베어 요리를 만들어 주었다. 그런데 거짓말같이 아들의 건강은 회복되었다. 건강해진 아들은 어머니에게 이렇게 말했다. "어머니, 그때 그 고기가 참 신기하고 맛있었는데 한 번만 더 먹을 수 있을까요?"

그 말을 듣고 그녀는 다시 자신의 다른 쪽 허벅지의 살을 떼어 아들에게 주려고 하다가 그만 혈관을 베는 바람에 죽음에 이르고 만다. 이 사실을 알고 통곡하는 아들에게 그녀는 이 말을 남기고 세상을 떠났다.

"얘야, 나는 너를 살리려고 허벅지 살을 베었지만, 예수님은 너를 살리려고 십자가에서 모든 것을 희생하셨단다. 그 주님을 잘 믿고 섬기기 바란다."

무신론자였던 그를 예수 믿는 크리스천이 되게 한 것은 바로 어머니의 사랑이었다. 파피니가 보기에 어머니의 그 철저한 희생의 사랑은 예수님의 고난과 십자가 죽음까지 감내한 사랑과 쏙 빼닮아 있었다. 파피니는 그 사랑의 포로가 되었다. 어머니의 유언에 따라 예수님께 자신의 삶을 바친 것이다.

이것이 바로 어머니의 진정성이다. 겉과 속이 같고, 말을 삶으로 보여 주는 그 진정성, 그것이 무신론자 파피니를 변화시켰다.

『예수 이야기』는 1921년부터 1985년까지 여덟 차례나 재판 출간됐다. 그만큼 독자들의 꾸준한 사랑을 받고 있는 것이다. 이탈리아어로 나왔던 『예수 이야기』는 이후 영어, 불어, 그리고 중국어, 일

본어, 아랍어 등 25개국 언어로 번역 출간되기도 했다. 소설뿐만 아니리 시와 에세이, 전기 등 100편이 넘는 문학작품을 썼던 파피니는 노벨 문학상 후보에까지 올랐다.

흔히 기독교적이거나 종교적인 내용을 다루는 작품은 큰 상에서 제외된다는 말이 있지만 진정 위대한 저자, 위대한 작품은 그 반대인 것 같다. 종교와 상관없이 진정성, 작가의 고민, 시대의 길을 제시할 수 있다면 세계가 주목할 수밖에 없는 것이다.

요즘 '말쟁이'들이 넘쳐난다. 말이 많은 세상, 말을 번지르르하게 잘 하는 사람들, 그러나 마음이나 행동은 전혀 그렇지 않은 세태. 어쩌면 나도 그 중 한 명일지도 모른다는 생각에 괜시리 부끄러워진다.

# 똥끼누아의 매력

파리에 처음 왔을 때 교회의 한 청년이 맛있는 음식을 대접하겠다고 했다. 그러면서 13구 차이나타운에 있는 베트남 쌀국수 집을 데리고 갔다. 좁고 지저분한 분위기에 반찬도 없이 쌀국수와 숙주와 각종 풀들이 나왔다. 프랑스가 요리의 나라라고 하던데 맛있는 음식이라고 하는 것이 국수에 풀을 넣어 먹는 것이라니. 그녀는 그것을 맛있다고 하면서 먹는데 우리 부부는 그것의 맛이 아니라 곁들여 나온 절인 양파 맛에 겨우 한 그릇을 먹을 수 있었다. 앞으로 이것을 계속 먹으며 살아야 한다고 생각하니 아찔했다.

그 이후에도 몇 번은 더 교인들과 어울러서 그것을 먹었다. 몇 번은 어차피 먹어야 한다면 적극적으로 적응하자는 의미에서 스스로 찾아가 먹기도 했다. 그리고 파리 생활 22년이 지나서 되돌아보니 내가 먹은 그 놈의 월남국수가 족히 천 그릇은 훌쩍 넘는다는 것을 알게 됐다. 베트남 국수, 그 이름은 '똥끼누아'다. 나는 어느새 똥끼누아를 김치찌개만큼이나 좋아하는 사람이 되어 버렸다. 어쩌다 이렇게 되었을까? 그 음식은 건강에 좋은 것도 아니다. 조미료에 민감한 내 혀는 그 놈을 먹고 난 후에는 어김없이 내게 경고의 메시지를 보낸다. '이 사람아, 조미료를 그렇게 많이 섭취하면 어떻게 하나?'

그래도 끊지 못하고 자꾸만 가서 먹는 이유가 무엇일까? 맛이 있어서다. 똥끼누아에는 자꾸 생각나게 하는 묘한 맛이 있다. 그래서 혹자는 "그 속에 마약을 넣은 것이 아니냐?"는 농담도 한다. 더 솔직한 이유는 음식값이 저렴해서일 것이다. 경제적으로 팍팍한 파리 생활에서 그나마 큰 부담을 느끼지 않고 배불리 먹을 수 있는 것이 월남국수이기 때문이다. 아무리 먹어도 배가 고픈 20~30대 나이의 젊은이들에게는 똥끼누아 한 그릇에 국물 우려낸 후 나오는 소고기 한 덩어리가 꽤나 인기 있을 수밖에 없는 것이다.

13구 월남국수는 파리생활의 추억이며 파리생활의 역사라고 할 수 있다. 나는 교우들과 자주 그곳에 갔고, 친구들이나 손님들이 오면 그곳에 모시고 가서 월남국수 한 그릇 먹이고 옆에 있는 카페에서 담소를 나누곤 했다. 교회와 선교에 대해서, 신학적 현안에 대해서, 역사에 대해서, 인생에 대해서 그리고 고민에 대해서 나누기에 거기보다 적합하고 익숙한 곳이 따로 없다. 오늘같이 날씨가 칙칙한 날이면 똥끼누아가 생각나는 것은 중독일까? 아니면 순전히 파리생활의 낭만일까?

20년 전만 해도 파리에는 한국식당이 34개에 불과했고 유학생들 형편에는 한국식당에서 식사를 하는 것이 부담되었는데, 지금은 한국식당이 100개가 넘는다고 한다. 거기다 학생들의 생활도 여유가 있어서인지 한국식당을 자주 찾는 경향이 있다. 하지만 파리생활의 추억을 이야기하자면 13구에서 먹던 월남국수만한 것이 없다. 배가 출출하거나 날씨가 쌀쌀하면 어김없이 그 놈이 생각난다. 날씨가 덥거나 해가 화창하게 떠도 역시 그 놈이 생각난다. 긴 여행을 하고 파리로 돌아와서도 그 놈이 생각나고, 몸에 감기 기운이 있어도 그 놈 한 그릇 먹으면 기운이 난다.

내가 이렇게 월남 쌀국수 똥끼누아 타령을 하는 것은 그것에 우리의 녹녹지 않은 타향살이가 투영되어 있기 때문이다. 누가 더 값나가고 고급스런 음식 맛을 모르겠는가? 하지만 파리지앵으로 사는 형편을 말한다면 고급스런 생활은 그저 상상 속에서만 존재하는 것이다. 누구나 부러워하는 파리생활이지만 유학생이나 생업을 하는 교민들에게는 여기서 살아가는 것은 고단함 그 자체다. 체류조건이 까다롭고, 물가는 높고, 사업 성공의 길도 매우 험난한 곳이기 때문이다.

목회와 선교도 마찬가지다. 흔히 한국보다 미국에서의 사역이 10배, 미국보다 유럽에서의 사역이 10배 더 힘들다고들 한다. 아무리 노력해도 효과가 잘 나타나지 않고, 너무 과해서도 안 되고 너무 약해서도 안 된다. 교회는 재정적으로 여유가 없다. 미국이나 한국에서는 교인들이나 목회자들이 손님들에게 풍성한 접대를 하는데 파리에 오는 손님들에겐 그렇게 하질 못한다. 이것이 우리에게는 당연한 삶인데 손님들은 이상하게 여기거나 서운한 감정을 갖게 되기도 한다.

이런 환경에서 우리는 월남국수 한 그릇 먹으며 즐거워하고 감사하고 만족하는 소박한 삶을 익힌다. 성경에는 '자족하는 것이 경건에 유익'이라고 했는데, 이런 마음을 계속 유지하면서 산다면 어디를 가서도 적응하지 못할 곳이 없을 것 같다. 바울이 고백했듯 어떤 상황에서도 감사와 즐거움을 잃지 않고 인생을 넉넉하게 누릴 수 있을 것 같다.

# 늘 정돈된
# 인생을 살자

아들 은석이가 초등학생 시절 이야기다. 어느 날, 나는 드디어 이상한 짓을 하고 말았다. 은석이를 학교에 픽업해 주면서 사고를 친 것이다. 은석이를 학교에 태워주기 위해 먼저 주차장으로 가서 차를 꺼내 뒷문에 대기했다. 자주 하는 일이기에 그 날도 으레 같은 마음으로 시동을 켜고 차를 몰았다. 한참 몰고 학교로 가다가 생각했다. '나, 지금 어디로 가는 거지? 은석이 학교? 그러면 은석이가 있어야 하는데 은석이는 지금 어디 있지?' 거의 학교 앞에 가까이 왔을 때 '아차!' 했다. 은석이를 태우지 않고 혼자 열심히 달려 온 것이다.

요즘 개그 소재로 쓰이는 '나는 지금 어디에 있는 건가? 나는 지금 어디로 가고 있는가? 나는 도대체 누구인가?'라는 질문이 딱 나에게 맞아 떨어진 것이다.

생각해보니 전날 밤 잠을 설쳤다. 교회에 대한 생각, 해결해야 할 문제들, 영어와 불어에 대한 부담, 써야 할 글들, 대외 관계 등 하나하나 쉽지 않은 숙제와 문제들을 생각하다 보니 그만 잠을 설친 것이다. 아침에 눈을 떠서도 그 고민들을 하다가 그만 어처구니없는 행동을 한 것이다.

나는 급히 차 핸들을 돌렸다. 거의 카레이서 수준이었다. 아들이 학교를 늦어서는 안 된다는 일념으로 달려서 겨우 문 닫기 전에 내려 주었다. 그 학교 교장선생님은 얼마나 깐깐한지 모른다. 늦으면 소리치며 혼내고, 반에서는 벌점도 주는 바람에 더욱 긴장했던 것이다.

한숨 돌리고 집으로 돌아오는 길에 많은 생각을 했다. 나는 너무 어떤 생각에 깊이 빠지는 경향이 있다. 한 가지 고민을 하다 보면 또 다른 고민들이 곁가지를 치면서 도저히 그 고민의 바다에서 헤어나오질 못한다. 고민한다고 해결되지도 않는 것을 엄청나게 사서 고민하고 있는 것이다.

고민만 그런 게 아닌 것 같다. 매사가 그랬던 것 같다. 너무 심각하게 받아들이고, 너무 막중하게 생각하는 것이다. 좋게 봐서는 책임감이라고 할 수 있지만 책임감에서 살짝 벗어난, 뭐랄까 이건 하나님을 신뢰하는 부분과도 연결되는 것 같다. 고민을 많이 하는 만큼 하나님을 신뢰하지 않는 거라고 할 수 있겠기에 말이다.

사도 바울은 감옥에 갇혀서도 감사하며 찬송했다고 하지 않은가? 베드로는 감옥에 갇혀서도 편하게 잠을 잤다고 하지 않은가? 예수님의 최고 제자들의 이런 행동을 '현실 인식 능력 결여'라고 비판하는 것도 얼마든지 가능할 것이다. 하지만 그들의 감사 찬송과 편안한 잠은 기적의 출옥으로 연결된다. 무엇을 말하는가? 기적이란, 은혜란 인간의 의지에 좌우되지 않는다는 것이다. 하나님으로부터 그저 주어지는 것이란 얘기다.

그런데 나는 어떤가? 내가 모든 걸 할 수 있을 것처럼 혼자 끙끙대고 혼자 고민하고 그러다가 다른 사람을 원망하는 데까지 이르는 모습. 믿음의 눈, 그러니까 하나님의 관점에서 보지 않고 매사를 나 중심으로, 내가 처리하려 하기 때문이다.

뭐든지, 어떤 사건 앞에서든 일단 평안해지는 습관을 기르자. 평안은 곧 하나님을 잠잠히 신뢰한다는 의미다. 그런데 나는 문제 앞에, 사건 앞에 당황하고 고민하고 한숨 쉰다. 나는 내 인생을 이런 식으로 살아온 게 아닌가? 아무 생각 없이, 진지한 믿음의 결단 없이 그저 본능과 습성을 따라가다가 '내가 왜 여기에 있지?' 하면서 화들짝 놀라고 당황하는 꼴, 그것이 지금 내 모습 아닌가?

아니면 나이가 들어서일까? 이 우울한 감정의 기원은 어디일까? 끊임없이 스스로를 정죄하는 이 손가락질은 도대체 어디에서 연유하는 것일까? 정신 바짝 차리고 주님이 명하신 길을 마지막까지 잘 달려가야지, 다짐해 본다. 주님의 은혜 없이는 결코 이 길을 들어설 수도, 달려갈 수도, 완수할 수도 없음을 나 스스로도 잘 알지 않는가.

나는 그날 파리 시내에서 지켜야 할 제한 속도, 신호등과 같은 교통법규를 모조리 어기고 말았다. 거기다 프랑스 사람들이 제일 싫어하는 새치기 비슷한 짓도 저지르고 말았다. 잠시 정신줄 놓고 무작정 달려간 결과다. 물론 마음 한켠에서는 너무 일이 많은 목회자니까 교우들은 이해해 주겠지, 아들을 향한 애끓는 부정(父情)인 만큼 알아주겠지 하는 마음이 살짝 들었던 것도 사실이다. 하지만 이내 그런 마음은 접기로 했다. 이런저런 변명하지 말고 정신 못 차리고 달려간 나 자신에게 마음의 채찍을 드는 게 정답이니까.

크리스천의 특징 가운데 하나가 고요함과 평안을 지녔다는 것이다. 늘 급한 일에 쫓기는 것이 아니라 주님 주시는 평강이 내면 깊숙하게 깃든 삶을 사는 것이 크리스천의 일상이 되어야 한다. 정신줄 놓고 사는 것이 아니라 늘 정돈된 인생을 살고 싶다. 그러기 위해 더욱 주님의 말씀으로 나 자신을 훈련시켜야 한다.

# 신념이냐, 신앙이냐

믿음이라고 해서 다 같은 믿음이 아니다. 믿음에도 여러 차원, 여러 종류가 있다. 우선, 미신(迷信)이 있다. 종교적·과학적으로 사실이 아닌 것을 믿는 것이다. 거짓 믿음이라고 할 수 있다. 끝이 좋을 리가 없다.

광신이라는 믿음도 있다. 광신(狂信), 그러니까 종교적·과학적으로 대놓고 무비판적으로 믿는 것이다. 정치적 독재와도 닮았다. 이런 믿음이 있는 공동체는 정상적일 리가 없다. 끝 역시 좋을 리가 없다.

반면, 신앙은 종교적·과학적으로 믿을 만한 대상에 대한 올바른 자세라고 할 수 있다. 신앙할 만한 대상에 대해 신앙의 자세를 갖는 것이다. 이런 신앙이 만드는 종교에서 민주주의 같은 온갖 사회의 아름다운 제도들이 피어나고, 개인은 회복되고, 아름다운 공동체가 만들어져 간다.

이것이 믿음의 대상에 대한 자세를 말하는 것이라면, 믿음의 대상에 따라 믿음이 확연히 갈리기도 한다. 신념과 신앙이 그것이다. 신념은 자신의 내적 확신에 근거한 믿음이다. 반면 신앙은 성경의 계시적 약속에 근거한 초월적 믿음이다. 둘 중의 어느 것이 우리에게 필요할까? 나는 이 두 가지가 다 우리에게 필요하다고 생각한다. 계시적 약속에 대한 초월적 믿음을 갖되, 그러한 신앙을 가진 인간으로서의 자기 책임도 마땅히 져야 한다는 것이다.

흔히 기독교인은 믿음을 초월적 대상에 대한 신앙으로 국한하는 경향이 있다. 하나님에 대한 신앙은 기독교인이라면 견지해야 할 당연한 자세다. 문제는 하나님에 대한 신앙을 가졌다고 해서 모든 걸 하나님께 맡겨서는 안 된다는 것이다. 하나님에 대한 신앙과 인간으로서의 책임이 만날 때 비로소 하나님 나라가 이뤄지고 확장된다고 나는 생각한다.

만약 하나님에 대한 신앙만 있고 인간의 책임을 철저히 무시한다면, 예수님 또한 그 고통의 십자가를 굳이 지셔야만 할 필요가 없었을 것이다. 예수님 당시의 제자들, 사도들 또한 순교를 당하면서까지 책임을 질 이유가 없었으리라. 미켈란젤로의 '천지 창조' 그림이 보여 주듯 하나님과 인간의 손이 마주칠 때 비로소 변화는 일어나는 것이다. 프랑스 출신의 예수회 신부이자 과학자였던 떼이야르 드 샤르댕 신부는 인간을 비롯한 만물의 노력을 하나님 창조의 완성의 영역으로 해석했다. 즉, 인간의 노력과 하나님 섭리의 만남이 하나님 나라를 완성시킨다는 것이다.

모든 사람은 믿음이라는 내면적 메커니즘을 가지고 살아간다. 개인에 따라서 그것이 강하거나 약할 수 있다. 대체로 강한 사람이 상황과 감정에 따라 흔들리지 않고 일을 이루어내며 지도자가 되는 경향이 있다.

자신의 내적 확신에 근거한 신념은 모든 사람에게 주신 하나님의 선물이다. 이것을 훈련하고 발전시켜 나가는 사람은 성공적인 인생을 살아갈 수 있는 가능성을 높일 수 있다. 문제는 그것이 가능성이 높다는 것이지 꼭 보장된다는 것은 아니다. 따라서 강한 신념을 가지고 살아간다고 해서 꼭 어떤 일을 이루거나 성공에 도달할 수 있는 것은 아닌 것이다.

하지만 성경 속에 기록된 하나님의 약속, 계시된 약속에 근거한 신앙은 반드시 성취되고 만다. 왜냐하면 그 약속을 하신 하나님이 반드시 지키시기 때문이다. 그러므로 우리는 그 약속을 믿고 기대하고 선포하면 된다.

지난 시간들을 돌아보면 당시에는 참으로 막막했던 일들이 결국에는 가장 정확한 시간에 가장 적절하게 이루어진 것을 깨닫게 된다. 당시에는 내 감정과 내면의 확신이 흔들리기도 하고 절망과 소망 사이를 오고가는 연약하고 부끄러운 순간을 겪어야 했지만, 그런 나의 연약함에도 불구하고 하나님은 당신의 약속을 지켜주셨던 것이다. 오직 은혜일 뿐이다. 하나님의 신실하심이 나의 연약함을 덮어주신 것이다.

그러니 하나님의 말씀, 하나님의 약속, 하나님의 은혜, 하나님의 주권을 더 신뢰하고 인정하지 않을 수가 없다. 그 안에서는 내 노력과 능력뿐만 아니라 내 실수와 죄조차도 무위가 되고 마는 것 같다. 지나고 나면 모든 것이 은혜임을 고백할 수밖에 없기 때문이다.

그렇다고 나는 무위도식하면 되는 것일까? 아무것도 하지 않은 채 하나님만 바라면 모든 게, 저절로 다 이뤄지는 것일까? 그렇지 않다. 하나님의 은혜는 내 손과 발에 힘을 주신다. 다시 일어서게 하고 다시 일하게 하신다. 하나님은 결국 인간을 통해 일하시고, 인간을 통해 당신의 뜻을 이 땅에 펼치고 계신 것이다. 이것이 하나님 약속, 하나님 은혜에 대한 인간의 책임있는 자세라고 나는 생각한다.

# 고향 무정

나이 서른셋에 프랑스로 떠날 때 선배 목사님이 걱정하며 하시던 말이 기억난다. "한번 나가면 다시 들어오기가 쉽지 않을 텐데…." 어쩌다 보니 타향살이 20년이 훌쩍 지나 버렸다. 그 선배의 말이 새삼 와닿는 건 그 말처럼 되어 가고 있어서다.

고향길은 늘 설레임으로 가득찬다. 한국행 비행기에 오른 것만으로도 벌써 마음은 고향에 가 있다. 그리운 얼굴들, 정겨운 들판, 모든 것이 눈에 아른거린다. 인천공항에 다 도착해서 하늘에서 바라보는 땅이며 바다는 그 어디나 고향 같다. 고향을 등진 사람들의 마음이 다 이럴 것이다.

20년 만에 처음으로 나는 고향에서 추석을 보냈다. 물론 지금의 고향은 어릴 적 그 고향이 아니다. 내가 아는 분들은 대부분 세상을 떠나셨고, 어쩌다 마주치는 젊은이들은 어느 집 자녀들인지 설명을 들어도 도대체 얼굴이 기억나지 않는다. 간혹 아는 분들을 마주치지만 옛날 같은 정겨움은 없다. 그저 피상적인 인사만 하고 지나칠 뿐이다.

들판은 경지 정리가 잘 되어 한 눈에 보기에도 깔끔하다. 도로는 또 얼마나 포장이 잘 되어 있는지 편리하기 그지없다. 나와 친구들의 놀이터였던 구불구불한 논두렁과 미루나무 가로숫길은 흔적도 없어졌고, 마음껏 뒹굴며 헤집고 다니던 뒷동산은 숲이 우거진 밀림처럼 되어서 이젠 사람이 들어갈 수 없는 지경이 되어 버렸다. 정겹던 고향의 모습은 이제 추억 속에만 존재할 뿐이다.

만나면 반갑게 손잡아 주며 이야기꽃을 피우는 파리가 그리워지는 건 웬일일까. 그것도 나를 낳아주고 길러준 고향에서 말이다. 고향에서 느끼는 이 낯섦을 어떻게 비유할 수 있을까? '고향 무정'이란 대중가요의 가사가 갑자기 마음을 스친다. "구름도 울고 넘는 울고 넘는 저 산 아래 그 옛날 내가 살던 고향이 있었건만 지금은 어느 누가 살고 있는지 지금은 어느 누가 살고 있는지 산골짝엔 물이 마르고 기름진 문전옥답 잡초에 묻혀 있네."

아마 나처럼 오랫동안 해외에 갔다가 돌아온 사람만 느끼는 소회는 아닐 것이다. 고향을 등진 사람들, 도회지에서 뿌리를 내리며 아등바등 살아가는 사람들 그 누구나 고향무정에 공감하지 않을까.

이제 연로하신 어머니는 치매 증상까지 있으셔서 안타깝기만 했다. 내 얼굴도 잘 알아 보지 못하신다. 옛날을 떠올리며 몇 마디 질문을 던져 보고, 어머니와의 한때를 얘기해 보지만 대화가 쉽지 않다. 심장 수술과 암 수술은 잘 견뎌내셨지만 정신은 약해지신 것 같다.

어머니도 어머니지만 농사일을 하시며 이런 어머니를 돌보시는 아버지가 안쓰럽다. 아버지는 예나 지금이나 말씀이 별로 없으시다. 그저 검붉게 그을린 얼굴, 그 얼굴을 가득 메운 주름과 서리 맞은 듯 허연 머리카락이 고생 가득한 아버지의 삶을 대신 말해 주고 있을 뿐이다.

정 둘 곳 없는 고향이지만 그럼에도 고향에서 20년 만에 맞이하는 추석이 감격스러운 것은 거기에 부모님이 아직 살아 계시기 때문이다. 마찬가지로 우리가 하늘나라를 소망하는 것도 하늘 아버지가 거기에 계시기 때문인 것처럼.

오랜만에 할아버지 할머니 산소를 찾았다. 둥그런 봉분으로 나란히 누운 산소를 보니 어린 시절 사랑받던 때가 새록새록 떠오른다. 칠십 중반에 얻은 첫 손자라며 나를 안고 업어 키우신 분들이다. 나는 엄하고 무뚝뚝한 아버지, 병약한 어머니를 둔 탓에 부모의 자상한 사랑을 받지 못하고 자랐다. 대신 할아버지와 할머니가 극진한 사랑을 쏟아 부어 주셨다. 마치 세상에 하나밖에 없는 아기인 것처럼 그렇게 늘 먹이고 달래고 놀려주셨다.

산소 앞에 서니 마치 할아버지 할머니의 목소리가 들려오는 것 같다. 커서 하나님을 알게 됐을 때도 나는 하나님 사랑이 할아버지 할머니의 사랑을 닮았다는 생각을 많이 했었다. 어쩌면 그 사랑이 있었기에 하나님 사랑을 더욱 실감할 수 있는지도 모른다. 아니, 하나님은 내가 예수님을 믿기 전에도 할머니 할아버지를 통해 나를 사랑해주신 건지도 모르겠다. 낯선 고향이지만 난 거기서 푸근한 사랑을 잔뜩 길어올릴 수 있었다.

감사하고 사랑스런 순간은 늘 짧은 건가 보다. 서울에서의 미팅 약속을 위해서 나는 추석 다음날도 아닌 추석 당일 오후에 부지런히 서울로 출발해야만 했다. 미안함, 아쉬움, 감사함이 섞인 묘한 감정을 억누르며 차를 달렸다. 200㎞ 거리를 7시간이나 달려서 도착할 수 있었다. '민족 대이동'이라는 말을 체험으로 알 수 있었다. 그 긴 시간 틈틈이 나는 추석 명절에 고향을 찾는 그 그립고 애틋한 마음으로 이 땅의 삶을 마치고 돌아갈 하늘 본향을 더 사모하며 살아가야겠다고 다짐했다.

# 진정한 친구가 되고 싶다

몇 해 전, 미국인 7000명을 대상으로 9년간의 추적 조사를 통해서 '단명하는 사람과 장수하는 사람의 차이'에 대한 연구가 진행된 바 있다. 그 결과가 흥미롭다. 사람의 수명에 가장 큰 영향을 미치는 것은 우리가 흔히 생각하듯 음주나 흡연, 업무 스타일, 사회적 직위, 경제상황 등이 아니었다. 그것은 바로 친구였다. 장수하는 사람들의 공통점은 친구의 수가 많았고, 단명하는 사람들은 하나같이 친구의 수가 적었다는 것이다.

생각해보니 정말 그런 것 같다. 우리 사회에 커다란 충격을 안겨 주는 유명인들의 자살, 그것은 무엇을 말하는가? 그들은 유명하고 화려하고 무엇 하나 부러울 것 없는 사람들처럼 보인다. 그럼에도 그들이 자살이라는 극단적인 선택을 하는 것은 '아무도 나를 이해하지 못한다'는 그 처절한 홀로 됨 때문 아닐까. 만약 그의 곁에 그가 속마음을 털어놓을 수 있는 단 한 사람이 있었다면 그는 결코 극단적 선택까지 가지는 않았을 것이다.

친구란 무엇인가? 스위스 의학자 폴 투르니에는 『선물』이라는 책에서 친구의 관계를 서로의 비밀을 공유하는 관계라며 다음과 같이 설명하고 있다. "자기의 내밀한 부분을 열어볼 수 있게 하는 특권을 주는 것, 이것이 바로 우정의 가장 고귀한 징표다. 이는 인격적 선물, 다시 말해 인격이 그 속에 개입하는 선물인 것이다. (중략) 이제 아이는 한 친구를 선택했고 부모에게는 말하지 않는 일들을 그 친구에게 털어놓는다. 이런 인격적 선택을 통해 사람은 자기 존재를 뚜렷하게 드러낸다."

어린 아이들은 비밀이 없다. 속마음까지 주변인들에게 털어놓는다. 그러다가 자신만의 비밀을 만들기 시작하는데, 그때가 바로 자신을 발견하고 정체성을 형성해가는 시기다. 그들은 갑자기 자신들의 방 안으로 들어가 문을 걸어 잠근다. 누군가가 자신들만의 비밀의 방에 들어오려고 하면 경계하고 움츠린다. 조금 시간이 지나면서 그들은 자신의 비밀을 나눌 대상을 찾는다. 그들이 바로 친구 사이가 되는 것이다. 친구 관계가 깊어지면서 그들은 비밀뿐만 아니라 자신들의 희로애락, 인생 전반을 공유하게 된다.

친구에 대한 투르니에의 이 같은 정의는 사실 자신의 체험에서 나온 것이다. 투르니에는 익히 알려졌듯 스위스 태생의 의사이자 정신의학자, 기독교 상담학의 대가다. 갓난아기 때 아버지를, 어린이

때 어머니를 여읜 그는 10대 시절을 고아처럼 보냈다. 특히 어머니를 여읜 여섯 살 때부터는 자폐 증상을 보였다. 자신에게만 몰입해 갔고, 외로움과 수줍음을 많이 탔다. 또래들과 어울리지 못하다 보니 점점 외톨이가 되어 갔다. 그가 구축했던 유일한 자기 세계는 나무타기였다고 전해진다. 나무 위에서만은 자신만의 고립된 세계를 만들고 지배할 수 있었기 때문이다. 예나 지금이나 투르니에처럼 학교에 잘 적응하지 못하는 아이들에게 학교는 비인격, 폭력일 수밖에 없다.

반면 그가 자신만의 세계를 뛰쳐나올 수 있었던 데는 고등학교 시절 만난 고전 담당의 뒤브아 선생을 통해서다. 투르니에의 상처를 알아본 뒤브아 선생은 투르니에를 자신의 집으로 자주 초대해 친근한 관계를 형성해 갔다. 뒤브아 선생은 학생 대 교사가 아닌 인간 대 인간으로 투르니에를 대접해 주었던 것이다. 인격적인 관계를 통해 마침내 자신을 발견한 투르니에는 이듬해 학급 학생회 회장으로 당선됐다고 한다. 그리고 성장해서는 여러 국제기구에서도 활동하는 등 어린 시절과는 상반된 적극적인 크리스천으로 국제적인 주목을 받았다.

세계적인 저술가이자 강연자였던 투르니에는 『인간이란 무엇인가』, 『모험으로 사는 인생』, 『여성, 그대의 사명은』, 『고통보다 깊은 고독』 등 다수의 저서를 남겼다. 무엇보다 『폴 투르니에의 기독교 심리학』은 기독교상담학의 고전으로 불린다. 자신의 쓰라린 경험과 통찰이 녹아든 숱한 저서들을 통해 투르니에는 크리스천의 깨어진 관계, 깨어진 자아를 회복시켜 주고 있다.

예수님은 우리를 친구라고 하셨다. 예수님은 자신의 일을 친구인 우리들과 나누시겠다고 하셨다.(요 15:15) 그리고 우리에게 자신의 생명까지 내주셨다.

나는 누구보다도 관계의 폭이 넓고 친구가 많은 편이다. 본래부터 친구를 좋아하는 성격이기 때문일 것이다. 하지만 그 중에서 서로의 비밀을 공유하고 희로애락을 나누며 생명까지 주고받을 수 있는 친구는 과연 얼마나 될까? 아니, 내가 먼저 그 친구 한 명 한 명에게 내 말못할 고민을 털어놓으며 나를 내어주고 있는가? 쉽게 긍정할 수 없는 질문이다.

# 성은이 망극한 인생

　미국 시애틀을 마주하고 있는 항구 도시 브래머튼. 이곳 브래머튼 한인교회의 L집사님 가정으로부터 저녁식사를 초대받았다. 본래 식당을 운영했던 집사님은 내가 지금까지 먹어본 적이 없는 최고의 스파게티를 만들어 주셨다. 가재며 연어, 새우, 조개 등 온갖 진귀한 생선이 곁들여진 스파게티였다. 왕의 식사가 이렇지 않았을까 하는 착각이 들 정도로 말이다.
　호수 같은 바닷가에 위치한 집은 마치 동화 속에 나오는 그림 한 장면을 연상케 할 정도로 아름다웠다. 거기다 집 앞 해변이 집사님 집에 속한 거라니 어안이 벙벙할 정도로 환상적이었다. 거기서 갖가지 물고기며 각종 해산물을 채취해 마음껏 즐길 수 있는 그런 집이었다.

그 날 저녁 메뉴로 올라온 해물들은 바로 이 해변에서 잡은 신선하고 맛난 것들이었다. 특권도 이런 특권이 따로 없었다. 이 집은 본래 어느 미국인 목사님이 소유하고 계셨는데, 그 분이 살아계실 때 집사님 내외가 그 목사님을 부모님처럼 정성껏 섬긴 덕에 물려받은 선물이라고 한다. 집 풍경보다 더 아름다운 이야기를 간직한 집이어서 더욱 정감이 갔다.

집사님 내외로부터 여태껏 살아오신 이야기, 목사님을 비롯해 여러 사람들을 섬기고 대접해온 이야기, 그리고 신앙 간증을 들으며 한 사람의 삶을 세밀하게 인도하시는 하나님의 손길이 새삼 와닿았다. '신실하고 선하신 하나님'을 성경이 아닌 실제 삶에서 경험할 수 있었다.

그 중에서도 재미있던 것은 집 앞에 있는 두 그루의 나무에 대한 얘기였다. 집사님의 설명에 의하면 그 두 그루 나무는 함부로 자를 수 없는 나무라는 것이다. 이유는 미국의 국조(國鳥)인 독수리가 앉았던 나무로 등록되었기 때문이란다. 미국인들은 자신들의 국조인 독수리의 움직임에 그만큼 대단히 열광한다는 것이다.

그 말이 좀 의아하기도 하고 과장이 아닌가 생각했다. 우리에게 국조라고 할 수 있는 까치는 어디서나 볼 수 있고 친근한 새인데, 국조인 독수리가 한번 앉았다고 해서 자를 수가 없다는 게 쉽게 납득이 안 갔다. 그 의문은 다음날 풀렸다.

다음날 호텔 식당에서 미국인 한 가정을 만났는데, 그들이 흥분한 상태로 창문 밖에서 이루어진 일을 나에게 막 설명하기 시작했다.

잘 알아듣지 못하는 영어지만 자세히 귀기울여 들어보니 독수리가 날아와서 저 나무 뒤에 앉아 있다는 내용 같았다. '정말 그런가?' 하고 눈을 게슴츠레 떠서 쳐다봤지만 잘 보이지 않았다. 그런데, 얼마 후 독수리 한 마리가 그 나무로부터 날아오르는 게 아닌가!

　아무리 그렇더라도 미물에 불과한 독수리 한 마리의 움직임에 이토록 열광하다니, 미국 사람들도 별 볼일 없이 순박한 사람들이라는 생각이 들면서 속으로 웃음이 나왔다. 독수리 한 마리가 앉았다가 떠났고, 그 독수리들이 즐겨 찾는다 하여 그 나무를 그토록 소중하게 여기는 태도에서 그들의 진지함, 그리고 해학을 엿볼 수 있었다. 한 마디로 독수리가 찾아와 머물다 떠난 나무는 평범한 나무에서 성은(聖恩)을 입은 나무로 격상되는 것이다.

　독수리 얘기를 한참 듣다가 실제 나무 밑에도 가봤지만 그 나무는 특별한 게 없었다. 그저 미국 어디에서나 볼 수 있는 오래된 침엽수 나무였다. 집 주변을 좀 더 산책하고 숙소에 돌아왔는데, 그 평범한 나무에 대한 생각이 떠나지 않고 맴돈다.

　한낱 미물인 독수리가 찾아와 앉았다가 떠난 성은 입은 나무라 하여 기념하고 보존하고 귀하게 여긴다면, 하나님의 아들이신 예수 그리스도께서 찾아 오셔서 구원해 주시고 고쳐 주시고 새롭게 해 주신 인생이라면 도대체 얼마나 더 귀한 것인가! 성령께서 오셔서 몸소 거하시며 우리 몸을 성전 삼고 주인 삼아 주신 우리 인생은 얼마나 소중한 존재란 말인가! 성은 입은 인생, 성은 입은 우리 몸이 아닌가!

우리나라도 그렇지 않은가. 예로부터 성은을 입은 물건은 임금의 것이기 때문에 그 누구도 함부로 대해서는 안 되었다. 물론 그 물건의 주인인 본인도 함부로 어떻게 할 수 없는 게 바로 성은 입은 물건에 대한 법이었다.

나는 올곧게 살지 못했다. 착하지도 못했다. 언제나 실수투성이, 불만 투성이였다. 그런데, 그런 나를 예수님은 콕 찝어 '너는 내 것'이라고 해주셨다. 그리고 그때부터 나와 아무 상관없던 하나님은 내 아버지가 되어 주셨다. 예수님은 나의 주인이 되셨다. 보잘것없고 평범하던 인생이 존귀하고 특별한 인생으로 바뀌어버렸다. 생각할수록 하나님의 성은이 망극(罔極)하다.

예배당에 함께 모인 파리선한장로교회 성도들

**본질을 붙들면 후회하지 않는다**
파리 선한장로교회 성원용 목사의 은혜 이야기

초판 1쇄  2018년 4월 25일
    2쇄  2018년 5월 14일

**지 은 이** _ 성원용
**펴 낸 이** _ 이태형
**펴 낸 곳** _ 국민북스
**편     집** _ 김성원
**디 자 인** _ 서재형

**등록번호** _ 제406-2015-000064호
**등록일자** _ 2015년 4월 30일

**주     소** _ 경기도 파주시 문발로 139 고래곰나비 402호 우편번호 10881
**전     화** _ 031-955-0707
**이 메 일** _ kirok21@naver.com
ISBN 979-11-88125-09-8 03230

※ 책에 사용된 사진의 일부는 김이현 사진작가가 제공해 주셨습니다.